Ein buntes Päckchen, das außer Keksen und Kerzen alles enthält, was man für eine gemütliche und spannende Vorweihnachtszeit braucht. Geschichten für Erwachsene und für Kinder, Geschichten zum stillen Schmökern oder zum Vorlesen. Zum Beispiel erfährt man, wie die ganze Familie zusammen Schnee machen kann oder wie Kinder vor langer Zeit Weihnachten gefeiert haben. Wem der Sinn nach Kürzerem steht, findet aber auch Gedichte, die noch niemand kennt und die man wunderbar auf Feiern oder unter dem Weihnachtsbaum vortragen kann. Es sind besinnliche darunter und heitere, lange und kurze. Stimmungsvolle Scherenschnitte ergänzen die Texte und erinnern daran, wie man als Kind mit großen Augen und kalten Füßen auf dem Weihnachtsmarkt zusehen konnte, wie solche Scherenschnitte entstanden. Auch sie erzählen Geschichten.

Weihnachten

Weihnachtsgeschichten und Weihnachtsgedichte

Herausgegeben von
Ronald Henss

Dr. Ronald Henss Verlag

Originalausgabe
September 2009

Dr. Ronald Henss Verlag
Sudstraße 2
66125 Saarbrücken
www.ronald-henss-verlag.de
verlag@ronald-henss-verlag.de

Umschlaggestaltung: Ronald Henss unter Verwendung des Gemäldes „Heimkehr der Jäger" von Pieter Breughel d. Ä. (um 1525/30 – 1569).
Illustrationen: Hilde Bergmann ©

Druck und Bindung: Druckerei Pirrot
Trierer Straße 7
66125 Saarbrücken

Printed in Germany
ISBN 978-3-939937-09-8

Inhalt

O FREUDE ÜBER FREUDE

Engel Bert

Warten auf den Weihnachtsmann
Oder: Vorweihnachtliche Ungeduld

Ach Weihnachtsmann,
ach Weihnachtsmann,
wo bleibst du denn so lang?

Ach Weihnachtsmann,
ach Weihnachtsmann,
mir wird allmählich bang.

Ach Weihnachtsmann,
ach Weihnachtsmann,
von dir noch keine Spur.

Ach Weihnachtsmann,
ach Weihnachtsmann,
sag, wo steckst du nur?

Ach Weihnachtsmann,
ach Weihnachtsmann,
noch nichts von dir zu seh'n.

Ach Weihnachtsmann,
ach Weihnachtsmann,
sag, was ist nur gescheh'n?

Ach Weihnachtsmann,
ach Weihnachtsmann,
ich mach mir große Sorgen.

Ach Weihnachtsmann,
ach Weihnachtsmann,
September wird's schon morgen.

Sabine Ludwigs

Das Weihnachtskarussell

An einem Abend im Dezember schneite es dicke Flocken. Bald war alles mit Schnee überzogen, auch die Holzbuden und die Dächer über den Fahrgeschäften auf dem Weihnachtsmarkt. Es sah gleich ein bisschen mehr nach Weihnachten aus und die Leute freuten sich über das weiße Gewimmel.

Das altertümliche Holzkarussell stand im hintersten Winkel des Weihnachtsmarktes und wurde von einem großen, hell erleuchteten Tannenbaum fast verdeckt.

Die meisten Menschen eilten daran vorbei, ohne einen Blick darauf zu werfen. Sie wollten lieber zu den modernen Fahrgeschäften, den Verkaufsständen und den Essbuden.

Aber das machte dem alten Mann, dem das Karussell gehörte, nichts aus. Das waren nicht die richtigen Leute für sein Karussell! Er wartete auf ganz besondere Fahrgäste. Liebevoll polierte er mit einem weichen Tuch die bemalten Holzfiguren, die auf den runden Boden montiert waren: ein Hirsch, ein Reh, ein großer und ein kleiner Esel, ein Schlitten, der von einem Rentier gezogen wurde, und zwei Kamele. Mehr Figuren gab es nicht, denn es war kein großes Karussell.

„Das ist schön! Wie im Märchen“, sagte plötzlich eine Stimme hinter ihm.

Der alte Mann lächelte. Da standen drei Mädchen, jedes mit einem roten Zuckerapfel in der Hand, und schauten mit strahlenden Augen auf das Karussell.

„Ja, das stimmt“, antwortete er. „Und es ist ganz außergewöhnlich! Allerdings kann immer nur ein Kind damit fahren, wenn es erleben will, was für ein besonderes Karussell das ist. Man braucht schon ein wenig Mut dazu!“

Das Mädchen mit der blauen Jacke trat einen Schritt vor. „Wetten, ich trau mich?“

„Gut, ich glaube dir. Komm, steige auf und staune, junge Dame“, lud der Alte sie ein.

„Aber ich habe nur noch zwanzig Cent. Was kostet es denn?“, fragte das Mädchen.

„So ein Zufall, genau so viel kostet es!“, erwiderte der Mann. „Wenn du dir ein Tier ausgesucht hast, setzt du dich darauf, rufst ‘Mirakel!’, und schon geht es los.“

Aufgeregt gab sie ihm das Geld und setzte sich, ohne zu zögern, auf den Hirsch.

„Halte dich gut fest, Marie“, rief Anna und Lisa winkte ihr zu.

„Mirakel!“, flüsterte Marie.

Hui, schon begann das Karussell sich zu drehen! Die Freundinnen, die bunten Lichter und der Mann sausten nur so an ihr vorbei, immer schneller und schneller. Marie jubelte. Und noch eine Runde!

Plötzlich begann der Hirsch seinen Kopf zu bewegen und sein Geweih zu schütteln. Er schnaubte und galoppierte, mit ihr auf seinem Rücken, hinauf in den Himmel. Schneller und schneller, durch das Schneegestöber, am großen, silbernen Mond vorbei.

Marie hatte keine Angst. Sie hielt sich am Geweih fest und beschaute sich die Welt von oben. Wie winzig alles da unten war! Bald schon konnte sie die Menschen und Häuser nicht mehr erkennen.

„Hüh!“, rief sie. „Nur weiter, lieber Hirsch!“

Und der Hirsch flog durch das Schneegestöber.

Nach einiger Zeit ging es wieder hinunter zur Erde, direkt auf einen Wald zu. Es dauerte nicht lange, und Marie konnte die ersten verschneiten Bäume erkennen.

Der Hirschbock setzte zur Landung an und trabte mit Marie durch den Winterwald.

Wunderbar war es hier! Der Schnee glitzerte im Mondlicht und jemand hatte ein Tannenbäumchen mit Lichtern geschmückt.

Da stand eine Krippe, gefüllt mit Heu und Kastanien, für die Rehe und Hirsche. Der Förster hatte sie aufgestellt und auch für die Hasen Kohlblätter und Möhren unter einen Schneeschutz gelegt.

Die Tiere sahen Marie furchtlos an.

In den Zweigen des Weihnachtsbaumes hingen Futterringe und Grieben für die Vögel, die zwischen den Ästen umherhüpften. Die Füchse kauten auf ein paar Speckseiten herum. Weihnachtsgaben für die Tiere, damit sie ihren Winterhunger stillen konnten. „Wie mich das freut!", sagte Marie und konnte sich nicht sattsehen.

Sie kamen an einem Feld mit den ansehnlichsten Tannen vorbei. Daneben stand ein Schild mit der Aufschrift: „Weihnachtsbäume!"

„Hier muss Papa morgen unseren Tannenbaum kaufen", dachte Marie.

Da erhob der Hirsch sich wieder in die Lüfte und brachte sie wie der Wind zurück zum Karussell.

„Und, wie war es?", wollte Lisa wissen. „Hat es Spaß gemacht?"

Konnte es sein, dass sie gar nicht gesehen hatte, wie der Hirsch mit Marie davongeflogen war? Das war doch nicht möglich!

Marie konnte vor lauter Staunen nur ein Wort sagen: „Wundervoll!"

„Jetzt bin ich dran!", schrie Anna.

Sie kramte das Geldstück hervor und gab es dem Karussellbesitzer.

„Ja, komm nur", sagte der freundlich. „Suche dir einen Platz und wenn du bereit bist, rufst du ..."

„Ich weiß schon", unterbrach Anna ihn. Sie schob ihre blonden Zöpfe unter ihre Mütze, kletterte auf den kleinen Esel und sagte laut: „Mirakel!"

Schon ging die wilde Fahrt los.

Annas Herz klopfte vor freudiger Erwartung. Das Karussell wirbelte im Kreis und Anna mit ihm. Da hörte sie mit einem Mal ein lautes Iah. Der Esel schlug mit den Hinterbeinen aus und erhob sich in die Luft, höher und höher.

Anna juchzte. Sie fürchtete sich kein bisschen, wollte nur hinauf zu den Sternen. Das Eselchen galoppierte durch die Wolken und trug sie geradewegs zur himmlischen Weihnachtsbäckerei.

Hier gab es allerhand zu tun! Geschäftig eilten die Engel umher. Teig wurde geknetet, Plätzchen ausgestochen und gebacken.

„Hmm, wie köstlich das duftet!“, dachte Anna.

An einem Tisch wurde Gebäck mit Schokolade überzogen oder mit Zucker bestreut. An anderen Tischen packten Engel Spielzeug, Bücher und Puppen in bunte Päckchen.

Von irgendwo hinter den Wolken hörte man einen Engelschor Weihnachtslieder proben. „Stille Nacht, Heilige Nacht ...“ Es hörte sich so schön an, so hoch und rein!

„Was wollt ihr denn hier?“, fragte da einer der Engel erstaunt. „Wir haben gar keine Zeit für Besuch. Ab mit euch, zurück auf die Erde!“

Gehorsam trabte der Esel los, und schon saß Anna wieder auf dem Karussell.

Sie konnte vor Verwunderung nur den Kopf schütteln. Mit leuchtenden Augen rutschte sie von dem Eselchen herunter.

„Sag du doch wenigstens was“, bettelte Lisa. „Wo Marie schon keinen Ton herausbringt!“

„Oh“, machte Anna. „Oh.“

„Na gut. Jetzt will ich fahren“, rief Lisa.

Sie bezahlte und setzte sich auf ein Kamel.

„Bist du so weit, kleine Dame?“, fragte der alte Mann mit einem Lächeln.

„Jawohl. Es kann losgehen. Mirakel!“

Das Karussell drehte Runde um Runde. Die Höcker des Kamels begannen zu wackeln und schon eilte es durch die Lüfte davon. Lisa jauchzte vor Begeisterung. „Bitte, bring mich zum Christkind!“, bat sie.

Das Kamel lief über die Wolken, dann etwas tiefer und schließlich landete es auf der Erde.

Über ihnen stand ein Stern mit einem langen Schweif. Sein heller Schein erleuchtete die Landschaft. Das Strahlen drang bis in die dunkelsten Winkel. Langsam wanderte das funkelnde Licht über das Himmelszelt.

„Folge dem Weihnachtsstern“, sagte Lisa aufgeregt. Sie zogen dem Himmelslicht hinterher. Schließlich blieb der Stern über einer unansehnlichen Hütte stehen. Er ließ seinen Glanz noch heller erstrahlen.

Sie waren am Stall von Bethlehem angekommen. Da waren die Heiligen Drei Könige. Sie knieten auf dem harten Boden, genauso wie die Hirten. Ein Esel, ein Ochse und ein paar Schafe standen friedlich in einer Ecke. Mitten im Stall sah Lisa die Krippe, in der das Kind lag. Maria und Josef lächelten auf das Neugeborene hinunter. Das Baby schlief friedlich in seinem Bett auf Stroh.

„Das Christkind wurde geboren“, sagte Lisa zu sich selbst. Und sie spürte ein warmes, gutes Gefühl tief in sich drin.

Sie ritt näher an den Stall heran, stieg ab und kniete sich still neben die Hirten.

Hier, vor diesem Stall, waren Menschen und Tiere gleich. Alle wollten das heilige Kind willkommen heißen.

Da sie kein Geschenk für das Christuskind hatte, gratulierte sie ihm einfach nur leise zum Geburtstag. „Herzlichen Glückwunsch zum Geburtstag, kleiner Jesus“, flüsterte sie. „Und frohe Weihnachten.“

Sie wusste nicht, ob das Christkind sie gehört hatte, aber ihr Herz hüpfte vor Freude in der Brust.

Als ihr Kamel schließlich ungeduldig mit den Vorderfüßen scharrte, stieg sie widerwillig auf.

Das Tier sauste los und schwang sich hoch empor. Ehe sie es sich versah, ging es schon wieder hinunter. Im Nu war sie zurück auf dem Weihnachtsmarkt und auf dem Karussell.

Die Mädchen sahen sich an. Vor Erstaunen brachten sie kein Wort heraus.

„So, für heute mache ich Feierabend“, sagte der Karussellbesitzer da. Er lachte und spannte sorgfältig eine Plane über das Karussell.

Als es nicht mehr zu sehen war, gingen die Freundinnen, noch immer stumm, nach Hause.

Am nächsten Morgen kam Lisa, ein 20-Cent-Stück in der Faust, auf dem Weihnachtsmarkt an und konnte das Karussell nicht finden. Es war nicht mehr da. Der alte Mann war fort.

Nur Marie und Anna standen ratlos an der Stelle, wo das Karussell aufgebaut gewesen war.

„Glaubt ihr, er kommt nächstes Jahr wieder?“, fragte Marie schließlich.

Anna nickte heftig.

„Ja“, antwortete Lisa. „Ganz, ganz bestimmt!“

Manfred Schröder

Drei Könige zu Köln am Rhein

Es geschah zu Köln am Rhein,
vor Kurzem ist es gewesen,
man konnt es in der Zeitung lesen,
drei Könige, sie trafen ein.

Suchten nach einem Kindelein.
Fragten nach Maria dann
und nach Josef, ihrem Mann.
In einem Stall sollten sie sein.

Was man vernahm aus ihrem Munde,
es machte schnell beim Kölsch die Runde
und es herrschte Heiterkeit.

„Ach, ihr seid umsonst gekommen,
den falschen Weg habt ihr genommen.
Und bis Bethlehem ist es noch weit!“

Claudia Sperlich

Joseph

Er wurde nie von seinem Herrn gefragt,
ob er den sonderbaren Ziehsohn wollte.
Er lernte träumend, wie er handeln sollte –
und blieb bei ihr und hat sich nicht beklagt.

Schon möglich, dass er trauerte und schmollte,
vielleicht von Zorn und Zweifel angenagt.
Doch hat das Ungewohnte er gewagt,
als das verheißne Wort ihn überrollte.

Er richtete, so gut es ging, die Hütte
und legte seinen Mantel auf die Schütte,
damit Maria weich lag und der Knabe.

Er brachte beide durch als Gastarbeiter.
Die Träume blieben seine Wegbereiter.
Vielleicht sah er den Sohn als Gottesgabe.

Martina Decker

Oma Linda feiert Weihnachten

Missmutig griff Maja zum Telefon. Gerade war sie so schön weggedöst und ausgerechnet da musste es klingeln.

„Ja …?“

„Hallo, ich bin es – Marco!“

„Mein lieber Bruder! Du störst! Ich liege in der Sonne und versuche mich ein wenig auszuruhen.“

„Tut mir leid.“ Marco klang nicht wirklich reumütig, eher aufgeregt.

„Also … Was willst du?“

„Oma Linda hat mich eben angerufen. Ich soll heute Abend pünktlich sein und nicht die Weihnachtsgeschenke vergessen.“

„Weihnachtsgeschenke?“ Maja musste grinsen. In den letzten Monaten war Oma Linda zusehends in ihre eigene Welt abgedriftet. Erst hatten sie sich nichts dabei gedacht. Aber als Oma Linda nicht mehr wusste, wer Maja war und sie für ihre Mutter hielt, war sie mit ihr zu einem Arzt gegangen.

„Demenz“, hatte der Doktor lapidar festgestellt und beiläufig hinzugefügt: „Das wird noch schlimmer. Machen Sie sich auf einiges gefasst. Diskutieren bringt wenig. Solange es möglich ist, gehen Sie auf die Geschichten ein. Das schont vor allem Ihre Nerven.“

So lernte Maja, auf den Namen ihrer Mutter zu hören, verwies unsichtbare Besucher der Wohnung, und sie hatte die Verwandtschaft gebeten, es ihr gleichzutun.

„Und – hast du die Geschenke schon eingepackt?“, fragte sie lachend ins Telefon.

„Jetzt hör aber auf!“, entrüstete sich Marco. „Eigentlich wollte ich dich bitten, ihr das mit Weihnachten auszureden.“

„Du weißt doch, mitspielen ist die Devise. Alles andere verwirrt sie nur noch mehr!“ Maja konnte sich ihr Lachen kaum noch verkneifen. Marco klang so … so verzweifelt.

„Aber ok“, fügte sie hinzu. „Ich gehe mal zu ihr rein. Vielleicht kann ich was für dich tun, Bruderherz. Bleib in der Nähe des Telefons, ich rufe dich gleich zurück.“

Ihr Blick ging zum Küchenfenster der Einliegerwohnung. Oma Linda hatte den Rollladen heruntergelassen. „Nun, dann will ich mal nachsehen!“, murmelte sie und schlenderte über den Rasen zur Eingangstür.

Oma Linda war zeitlebens ein Familienmensch gewesen. Nur wenn sie alle ihre Lieben um sich versammeln konnte, war sie wirklich zufrieden. Jeden Geburtstag, jeden Namenstag, ja fast jeden Sonntag machte sie zu einem großen Familienfest. Sie buk und kochte, dekorierte den Jahreszeiten und Anlässen entsprechend und verwöhnte alle nach Strich und Faden.

Mit ganz besonderer Hingabe bereitete sie jedes Jahr das Weihnachtsfest vor. Die letzten Tage im November stand sie Stunde um Stunde in der Küche und der Duft von Plätzchen und Christstollen zog verlockend durch alle Zimmer.

Am Vorabend des ersten Advents wurde die Weihnachtsbeleuchtung eingeschaltet und der riesige, weiße Porzellanengel auf das Fensterbrett gestellt. Dazu gesellten sich die Wichtel aus dem Erzgebirge, von Kindern und Kindeskindern gebastelte Nikoläuse und der Lichterbogen, den Opa Willi kurz nach dem Krieg gefertigt hatte. Die Zimmerbegonien mussten den dunkelroten Weihnachtssternen weichen und wurden für die kommenden Wochen in den Keller verbannt.

Am Heiligen Abend schließlich schmückte sie die große Tanne, die Opa Willi tags zuvor im Wald geschlagen hatte, und legte für jeden ein Päckchen darunter. Abends um sechs Uhr war Bescherung. Der alte Plattenspieler leierte die Weihnachtslieder der Fischerchöre und Oma Linda wuselte unaufhörlich umher, steckte den Kleinen einen Keks zu, schenkte ihren Töchtern ein Likörchen ein und Opa und den

Schwiegersöhnen einen Schnaps. Immer wieder verschwand sie in der Küche und freute sich, wenn das Essen allen gut schmeckte.

Nach Opa Willis Tod wollte Oma Linda nicht alleine in dem großen Haus bleiben. So bezog sie die kleine Einliegerwohnung im Haus von Enkelin Maja und freute sich an ihrem ersten Urenkel.

Maja hämmerte an die Tür. Oma Linda hörte auch nicht mehr so gut.

„Oma Linda! Ich bin es, Maja!“

Schlurfende Schritte näherten sich dem Eingang. Durch die Verglasung konnte Maja einen Schatten erkennen. Dann öffnete die alte Frau.

„Margit! Schön, dass du schon da bist. Ich habe noch gar nicht mit dir gerechnet. Aber komm doch rein. Ich bin gleich fertig.“

Oma Lindas Augen strahlten. Maja trat ein.

„Nach was riecht es denn hier?“

„Ich habe gebacken. Die Plätzchendosen waren schon wieder leer. Zur Bescherung gehören Plätzchen! Was sollen die Kleinen denn sonst naschen?“

Oma Linda verschwand im Wohnzimmer. Maja beschlich eine böse Ahnung, und im nächsten Augenblick wurde diese zur Gewissheit. Im Wohnzimmer stand der kleine Plastikweihnachtsbaum, der in der Adventszeit den Vorgarten des Hauses zierte. Eigentlich sollte er in der hintersten Ecke der Garage liegen. An seinen Zweigen hingen die wenigen alten Silberkugeln, die den Umzug überlebt hatten, und einige silberne Folienstreifen.

„Was ist …“

„Kind, ich konnte das Lametta nicht finden. Und im Laden gab es auch keines. Aber in der Küchenschublade war noch eine Rolle dieser glänzenden Folie.“ Oma Linda strahlte. „Sieht schön aus, oder?“

Maja nickte stumm. Nicht diskutieren! Das bringt nichts! Ihr fielen die Kekse wieder ein. Schnell ging sie in die kleine Küche nebenan. Ein beißender Geruch lag in der Luft. Eilig zog sie den Rollladen auf und öffnete das Fenster. In den alten Blechdosen lagen kleine, verkohlte Häufchen – liebevoll mit Puderzucker bestäubt. Oder war es Mehl? Eine halbvolle Tüte lag umgestürzt auf der Anrichte. Maja fuhr der Schreck in die Glieder. Was hätte da alles passieren können! Sie musste unbedingt den Herd abklemmen!

„Margit!“ Oma Linda war schon wieder im Wohnzimmer. „Kannst du bitte mal die Geschenke vom Schrank nehmen?“

Eine Vielzahl kleinerer und größerer Päckchen lag auf dem Schrank, eingewickelt in Zeitungspapier.

„Leg sie doch bitte unter die Tanne. Ich kümmere mich jetzt um das Essen.“

„Oma Linda …“

Majas Gedanken überschlugen sich. Es war Weihnachten – für Oma Linda. Doch vom Kochen musste sie sie unbedingt abhalten.

„Weißt du nicht, dass ich heute das Essen mache?“

„Du?“ Oma Linda lachte. „Du kannst doch gar nicht kochen!“

„Kann ich wohl! Ich habe es gelernt und du hast mir versprochen, dass ich es dir heute beweisen darf.“ Maja gab ihrer Stimme einen schmollenden Unterton.

Oma Linda schaute sie durchdringend an. „Du weißt, Weihnachten ist mir sehr wichtig. Da sollte das Essen perfekt sein. Traust du dir das wirklich zu?“

Maja nickte. „Bitte, bitte, lieber Gott“, sandte sie ein Stoßgebet zum Himmel, „mach, dass sie ja sagt.“

„Ich kann mich gar nicht daran erinnern, dass ich dir das versprochen habe“, meinte Oma Linda und setzte dann kopfschüttelnd hinzu: „Ach, ich glaube, ich werde alt. In letzter Zeit vergesse ich tatsächlich öfter mal was. Na gut, dann koche du eben.“

Erleichtert drückte ihr Maja einen Kuss auf die faltige Wange.

„Bin gleich wieder da! Muss nur noch schnell was besorgen.“

„Beeile dich! Um sechs ist Bescherung und danach essen wir. Papa wird böse, wenn er nicht pünktlich sein Abendessen bekommt.“

Wieder im Garten atmete Maja tief durch. Kurz schloss sie die Augen und genoss die warmen Sonnenstrahlen auf der Haut.

Dann griff sie erneut zum Telefon.

„Hallo, Marco!“

„Na endlich! Hast du es hinbekommen?“

„Nein!“

„Wie, nein?“

„Du wirst wohl oder übel heute Abend herkommen müssen. Ich sag Mama und Papa Bescheid. Und sei pünktlich. Um sechs ist Bescherung.“

Es wurde eines der schönsten Weihnachtsfeste, das sie je zusammen feierten. Maja hatte die verbrannten Kekse heimlich ausgetauscht und es sogar noch geschafft, ein paar Kleinigkeiten als Geschenk zu verpacken. Der alte Plattenspieler leierte Weihnachtslieder der Fischerchöre und Oma Linda wuselte unaufhörlich umher, steckte dem Kleinen einen Keks zu, schenkte ihrer Tochter ein Likörchen ein und den Männern einen Schnaps. Immer wieder verschwand sie in der Küche, sah besorgt auf das, was Maja zubereitete, und freute sich, als später das Essen auch wirklich allen schmeckte.

Das war am 25. Juni.

Es war Oma Lindas letztes Weihnachtsfest.

Marlis David

Sternenstaub

Die fremde Stadt durchschritt ich sorgenvoll, der Kinder denkend, die ich ließ zu Haus. Diese Zeilen meines liebsten Weihnachtsgedichtes gingen mir durch den Kopf, als ich, vom Lichterglanz angezogen, den Weihnachtsmarkt betrat. Es roch nach Glühwein, Plätzchen, Vanille und Zimt. Der Weihnachtsschmuck glänzte, und die stimmungsvolle Musik sollte den Zauber der Weihnacht vermitteln.

„Alles nur Kommerz“, dachte ich, „alles nur Geschäftemacherei.“

Jeder Stand befand sich am gleichen Platz wie all die Jahre zuvor. Es gab nichts Neues zu bestaunen. Wo blieb das Weihnachtswunder? Der Stern, dem man folgen musste, um es zu finden?

Was war nur los mit mir dieses Jahr? Ich fühlte mich leer, ausgebrannt und freudlos.

Nachdenklich stand ich an einem Feuerkorb, um mir die kalten Hände zu wärmen, als eine Stimme neben mir fluchte: „Die glauben alle nur, was sie sehen, dabei gibt es Dinge zwischen Himmel und Erde, die man nicht erklären kann!“ Ein Mann rieb seine rot gefrorenen Hände und trat von einem Fuß auf den anderen. Mir fiel sofort seine zerschlissene, dünne Bekleidung auf.

„Ich hole mir einen Glühwein, soll ich Ihnen einen mitbringen?“, fragte ich.

Er nickte: „Wäre prima, bei der Kälte!“

Nach einer Weile kam ich mit zwei Gläsern Glühwein zurück. Er stand abseits in einer dunklen Nische, war kaum zu sehen.

„Haben Sie keinen warmen Mantel?“

Mit zittrigen Händen umfasste er das heiße Glühweinglas und schüttelte den Kopf.

Er hatte ein Brett über zwei Holzklötze gelegt. Darauf stand ein Pappschild, auf dem mit unbeholfenen Buchstaben geschrieben war: „Sternenstaub zu verkaufen – nur von Tarot Tartüff!“ Auf dem Brett lagen kleine, schwarze Lederbeutel. In der Mitte flackerte eine halb heruntergebrannte Kerze. In ihrem Schein sah ich traurige Augen; so unendlich traurige Augen hatte ich lange nicht gesehen.

„Tarot Tartüff, ist das Ihr Name?“

„Ja. Er bedeutet so viel wie spekulativer Heuchler, und so hat man mir von vornherein einen Stempel aufgedrückt, mich als Betrüger gebrandmarkt. Stellen Sie sich vor, ich habe noch nicht einen Lederbeutel verkauft, weil mir einfach keiner glaubt.“

„Aber Herr Tartüff, das müssen Sie doch verstehen! Woher wollen Sie den Sternenstaub denn haben?“

„Sie irren, mein Herr, Tarot Tartüff war persönlich da oben“, er sah mit einem verklärten Blick zu den Sternen hinauf. „Dort gibt es wunderschöne, engelgleiche Wesen, die für mich den Staub der Sterne gesammelt haben. Gemeinsam füllten wir ihn in diese Lederbeutelchen und brachten ihn zur Erde. Alles können die Menschen sich kaufen, aber diesen goldenen Sternenstaub bekommen sie nur bei mir – und nur heute!“

Er öffnete einen Beutel, nahm einen kleinen, dünnen Metallstab, stieß einen zischenden Laut aus und ließ den Stab durch die Luft kreisen. „Haben Sie die funkelnden Sternstaubkristalle gesehen, mein Herr? Nun können Sie sich etwas wünschen, es wird in Erfüllung gehen!“

In diesem Moment war mir wirklich, als hätte ich einen Sternenschweif gesehen. Ungläubig schaute ich ihn an. „Herr Tartüff, ich glaube, Sie tragen Ihren Namen zu Recht. Was kostet so ein Lederbeutel? Und ist der Zauberstab auch dabei?“

„Acht Euro, einschließlich Stab natürlich!“, antwortete er schnell.

„Dann geben Sie mir drei, ich habe nämlich drei Kinder.“

Ein glückseliges Lächeln huschte über sein Gesicht, als er mir drei Beutel Sternenstaub aushändigte. Inzwischen hatte sich eine Menschentraube gebildet, es war mucksmäuschenstill, alle standen da und staunten. Nachdem ich bezahlt hatte, rissen sie ihm die Lederbeutel aus den Händen. In Windeseile waren alle verkauft.

Seine Kerze war heruntergebrannt, eine neue Kerze hatte er nicht. Tarot Tartüff zitterte vor Kälte, er rieb seine rot gefrorenen Hände.

Ich holte uns noch einen Glühwein, aber als ich zurückkam, war Herr Tartüff verschwunden. Wären da nicht die Lederbeutel in meiner Tasche gewesen, hätte ich geglaubt, ich hätte einen Wachtraum gehabt. Oder sollte es doch noch Weihnachtswunder geben?

Am Heiligabend gab es bei uns nur ein Gesprächsthema – Sternenstaub von Herrn Tarot Tartüff. Den ganzen Abend musste ich für meine drei Kinder Märchen aus den Lederbeutelchen zaubern. Sie hingen an meinen Lippen, konnten nicht genug davon bekommen. So weihnachtlich war es bei uns schon lange nicht mehr gewesen. So hatte ich doch noch etwas gefunden, was mich zu einem kleinen Weihnachtswunder geführt hat. Zwar keinen Stern, nein – Sternenstaub.

Barbara Naziri

Weihnachten bleibt uns

Stille herrscht in dem Gemäuer,
knisternd brennt ein wärmend Feuer
im Kamin und spendet Licht.
Leise schleicht ein kleiner Wicht
auf den Zehen in den Raum.
Oh, dort steht der Weihnachtsbaum!
Kerzen werfen sanften Schein,
Goldlametta leuchtet fein.

Unterm Baum – der Weihnachtsteller!
Unser Frechdachs wird nun schneller,
nascht vom leckren Marzipan,
stößt die Tannenzweige an.
Kugeln drehen sich im Kreise
und im Bäumchen klinget leise
eine zarte Melodie,
ach, wie wundervoll klingt sie!

Aus der Ferne jubeln heiter
Englein auf der Himmelsleiter.
Weihnachtsmann mit weißem Bart
kommt herein nach langer Fahrt,
streift den Schnee ab und ruft froh:
Es ist Weihnacht! Ho! Ho! Ho!
Und ein Igelchen erschreckt,
hat sich rasch im Heu versteckt.

Alle Lichter gehen aus.
Stille herrscht im ganzen Haus
und im Sessel sitzt ein Mann,
starrt die Fernbedienung an.
Er steht auf, es fällt ihm schwer,
alte Knochen schmerzen sehr.
Müde streicht er seinen Bart,
während er im Dunkeln harrt.

Schwer ruht in seiner Hand
der Weinkelch wie ein Pfand.
Wehmütig trinkt er ihn leer.
Weihnacht rührt sein Herz stets sehr.
Fest der Liebe, diese Zeit,
Hoffnung auf Besinnlichkeit,
Christuskind, im Stall geboren,
sucht nun Herzen, die verloren.

Seufzend reibt er seine Hände,
starrt versonnen auf die Wände.
Menschen plagen sich so sehr,
auch ihr Lächeln ist nicht mehr.
Haben sie in ihrem Leben
gar die Weihnacht aufgegeben?
Kann denn heut ein Kinderlachen
noch die Herzen glücklich machen?

Da öffnet sich das Himmelszelt,
ein Licht fällt auf die dunkle Welt,
ein Englein naht und flüstert sacht:
„Steh auf, es ist doch Heil'ge Nacht!
Und auch das Ende ist noch offen,
die Menschheit hört nicht auf zu hoffen.
Nun komm schon, zieh den Mantel an,
du lieber guter Weihnachtsmann!"

M. Wolfram Kutzscher

Alle Jahre wieder

Vögel sind schon lange fort,
suchten sich 'nen wärm'ren Ort.
Flocken fallen, Vater schreit:
„Oh verflixte Winterzeit!"
Mütter schleppen alles ran,
was man so gebrauchen kann.
Stollen backen, Plätzchen auch.
Ist ja schließlich alter Brauch.
Augen glänzen, Kerze tropft.
Kinder naschen – Darm verstopft.

Heiligabend endlich dann
kommt der gute Weihnachtsmann.
Er hat alles mitgebracht.
Alles singt: „Oh stille Nacht!"
Sind die Kinder dann im Bett.
Wirds beim Fernsehn richtig nett.
Video in Stereo
macht nun auch die Eltern froh.

Alle glücklich, alles klar.
Na dann Prost bis nächstes Jahr!

Uwe Hartig

Der Weihnachtsmann und ich

„Ich lege mich ein bisschen hin, ich bin müde", sagte meine Mutter. Danach ist sie nicht wieder aufgestanden. Das war vor zwei Monaten.

In ihrem Leben hat sie immer das getan, was ihr gerade in den Sinn kam. Befindlichkeiten ihrer Mitmenschen, gesellschaftliche Zwänge oder gar Mitleid waren ihre Sache nicht. „Du musst darauf hören, was dein Bauch dir sagt", hat sie immer gepredigt, wenn ich als Kind vor einer lebenswichtigen Entscheidung stand und eine Auswahl zwischen zwei Spielzeugen treffen musste. Nie habe ich sie weinen sehen.

In den letzten zwei Wochen habe ich ihre Wohnung ausgeräumt. Das meiste hat ein Transportunternehmen entsorgt. Was geblieben ist, hängt vor mir an der Wand. Ein uralter Kristallspiegel, der angeblich aus einem Schloss in Schlesien stammt. Meine Urgroßmutter soll dort als Dienstmädchen tätig gewesen sein. Der Spiegel war ein Geschenk des jungen Schlossherrn. „Spieglein, Spieglein an der Wand, wer ist der Schönste im ganzen Land?", denke ich, als ich hineinblicke, und ich sehe 57 Jahre geballte Lebensfreude.

Zum letzten Mal verschließe ich die Wohnungstür meiner Mutter. Irma REINHOLD. Ich ziehe das Namensschild heraus. So sieht also das Ende aus. Im Treppenhaus öffne ich ein Fenster und puste das Papierschildchen von meiner Handfläche. Sofort wird es vom Herbstwind davongetragen – meine Mutter hätte ihre Freude daran gehabt.

Zwischen den persönlichen Papieren habe ich etwas gefunden, was mich stutzig macht.

„Dich hat der Esel im Galopp verloren!" – „Dich hat der Klapperstorch gebracht!" – „Dich haben wir beim Bettenmachen gefunden!"

Das waren die üblichen Floskeln, mit denen meine Generation aufgeklärt wurde.

In der Schule konnte ich vor den anderen Kindern damit prahlen, dass es bei mir nicht so war.

„Dich hat der Weihnachtsmann gebracht!", lachte meine Mutter immer und damit war für sie das Thema „Wer ist eigentlich mein Papa?" erledigt. Später habe ich nicht mehr gefragt.

Vielleicht hätte ich das tun sollen, dann säße ich heute nicht hier mit diesen Briefen. Es sind ausschließlich Liebesbriefe. Alle wurden vor meiner Zeit geschrieben. Zum Zeitpunkt meiner Geburt brach die Briefflut ab.

Soviel ich den Briefen entnehmen kann, spielte meine Mutter als junges Mädchen in irgendeiner Theatertruppe. Nie hatte sie mir davon erzählt. Die Briefe waren nicht direkt an meine Mutter, sondern an ein Postfach adressiert. Der Absender war immer derselbe: Werner Jacobi aus Leipzig. Er ist mein Vater, daran besteht für mich kein Zweifel.

Ich könnte die Briefe verbrennen, mir einen guten Whisky genehmigen und einen langweiligen Film anschauen. Stattdessen setze ich mich am nächsten Morgen in den Zug nach Leipzig.

Der Empfang in Leipzig ist kühl, die Sonne lässt sich gar nicht erst blicken.

„Straße der Freiheit Nr. 2" lese ich vom Briefumschlag ab. Karl-Liebknecht-Straße heißt sie jetzt und aus Hausnummer 2 wurde Hausnummer 34. Als ich den Namen Jacobi auf einem der Klingelschilder entdecke, schlägt mein Herz schneller. Sollte das wirklich so einfach gewesen sein? Vor lauter Ungeduld drücke ich vier Klingelknöpfe auf einmal. Prompt wird mir geöffnet.

Auf dem Weg nach oben holt mich die Realität ein. Was soll ich sagen? Etwa: „Hallo, ich bin's, dein Sohn!" Oder: „Guten Tag, Vater, da bin ich, lange nichts gehört!" Und hätte ich vielleicht ein paar Blümchen mitbringen sollen? Aber was soll ein Mann mit Blümchen? Wie alt ist mein Vater überhaupt?

Hör auf deinen Bauch, Junge! Mir ist, als stünde meine Mutter neben mir. Ich klopfe an die verschlossene Tür.

Ich zucke zusammen, als die Wohnungstür von gegenüber aufgerissen wird. Noch ehe ich etwas äußern kann, sagt die junge Frau, die geöffnet hat: „Wenn Sie zu Herrn Jacobi wollen, der ist im Heim. Bis vor drei Monaten habe ich ihm noch jeden Tag Schrippen mitgebracht, aber er wollte nicht, dass ich ihn im Heim besuche. Ein komischer Kauz, wenn Sie mich fragen."

Ja, das klingt ganz nach mir! Der komische Kauz und ich könnten tatsächlich verwandt sein.

Sie erklärt mir, wie ich zum Pflegeheim komme.

„Wer sind Sie eigentlich?", fragt sie.

„Sein Sohn."

„Er hat nie etwas von einem Sohn erzählt", ruft sie mir nach.

Das Heim ist nicht schwer zu finden. Ich erkläre der Sekretärin mein Anliegen.

Sie zeigt mir alle Unterlagen, die meinen Vater betreffen. „Ihr Vater ist ein letztes Mal umgezogen", erklärt sie dann. „Auf den Südfriedhof, hier ist die Grabnummer."

Entsetzt starre ich sie an. „Umgezogen? Südfriedhof?"

„Oh, entschuldigen Sie, das sagen wir so, wenn uns die anderen Heimbewohner fragen, wo denn der und der Mitbewohner geblieben ist. Gestorben, das hören sie nicht so gern."

Eher taumelnd als gehend verlasse ich das Zimmer.

Der Südfriedhof ist einer der größten Friedhöfe Deutschlands, schon die Helden der Völkerschlacht bei Leipzig wurden in seine heilige Erde hinabgelassen.

Block 7 B, Reihe 14, Gang 3, Grab Nummer 27. Hier liegt er also. Ein kleines Plastikschild mit seinem Namen bestätigt, dass ich richtig bin. Ich bin nicht glücklich, ich bin nicht zufrieden, aber ich bin angekommen. Irgendetwas in meiner Brust ist zersprungen, ich fühle mich frei.

„Ich hätte gern ein wenig mehr über dich gewusst", flüstere ich.

Ich weiß nicht, wie lange ich dort gestanden habe, als ich plötzlich eine Hand auf meiner Schulter spüre. Erschrocken schaue ich mich um und sehe einen alten Mann.

Wir kommen ins Gespräch und es stellt sich heraus, dass er ein Freund meines Vaters war. Er ist erstaunt, dass sein Freund einen Sohn hatte.

Auf einer Friedhofsbank erzählt er mir aus dem Leben meines Vaters.

„Sie haben diese Theatertruppe erwähnt, da muss auch eine Frau mitgespielt haben", sage ich.

Die Augen des Alten lachen. „Ja, das war unsere Irma. Eine Verrückte, kann ich Ihnen sagen … Und doch eine ganz besondere, wunderschöne Frau. Jacobi und ich waren beide in sie verliebt. Aber nur wir hatten ein Problem damit. Sie nicht. Ich würde gern wissen, was aus ihr geworden ist."

Plötzlich schaut er mich mit großen Augen an. „Haben Sie nicht gesagt, dass Ihr Name Reinhold ist? Ist das vielleicht Ihre Mutter?"

„Ja, das war meine Mutter."

Um ihm weiteren Schmerz zu ersparen – schließlich hat er gerade erst seinen besten Freund verloren –, versuche ich vom Thema abzulenken und stelle ihm eine einfache Frage: „Welche Figur haben Sie am liebsten gespielt?"

Er muss nicht lange überlegen. „Den Weihnachtsmann. In der Adventszeit, in einem Weihnachtsspiel. Das war meine Lieblingsrolle, denn der Weihnachtsmann durfte Irma immer küssen."

Wolfgang Lörzer

Gerüchte vom Weihnachtsmann

Habt ihr gehört, der Weihnachtsmann
hat sich ‘nen Bruch gehoben.
Und wie man weiter hören kann,
wird wohl das Fest verschoben.

Da gibt es auch noch das Gerücht,
er hätt’ ‘ne Depression.
Er liegt im Bett, man glaubt es nicht,
und schickt wohl seinen Sohn.

Was ich da hör’ vom Weihnachtsmann,
das hat mich sehr geschockt.
Wir haben, seit ich denken kann,
ihm zu viel eingebrockt.

Wir sollten doch beim Weihnachtsmann
nicht mehr so viel ordern!
Wir sehn ja, was passieren kann,
wenn wir ihn überfordern.

Ich werde jetzt bescheiden sein
und immer daran denken:
Das Wichtigste ist ganz allein,
dass wir uns Liebe schenken.

Ich wünsch’ dir, lieber Weihnachtsmann,
von Herzen nur das Beste!
Werd’ rasch gesund im dunklen Tann
und sei gegrüßt zum Feste!

Sabine Ludwigs

Das Großerbruderehrenwort

Als ich zur Welt kam, war mein großer Bruder Oliver schon vierzehn Jahre alt – genauso alt, wie ich jetzt bin. Ich fand immer, er wäre der beste große Bruder, den man sich vorstellen kann.

Er brachte mir das Schwimmen bei, das Fahrradfahren, und er hat mir oft Geschichten erzählt, wenn ich krank war oder nicht einschlafen konnte.

An Weihnachten spielte er Mensch-ärgere-dich-nicht mit mir, um mir das Warten auf die Bescherung zu verkürzen.

Ich erinnere mich noch gut an den Heiligabend vor fünf Jahren.

Meine Mutter hatte Gans, Rotkohl und Klöße gekocht. Zum Nachtisch gab es Vanilleeis mit heißen Himbeeren und Sahne.

Das war Olivers Lieblingsweihnachtsgericht. Doch obwohl es sehr gut schmeckte und der Tisch schön gedeckt war, mit Kerzen und Tannengrün und allem, sprachen und lachten wir nicht viel beim Essen.

Wir waren bedrückt und traurig, weil wir Oliver für eine lange Zeit nicht sehen würden. Aber niemand wollte sich etwas anmerken lassen. Oliver versuchte seiner Stimme einen fröhlichen Klang zu geben, als er von seinem Abschiedsbesuch bei den Großeltern erzählte und vorschlug, im nächsten Jahr in den Skiurlaub zu fahren.

Nach der Bescherung – ich bekam die Carrerabahn, die ich mir sehnlichst gewünscht hatte, und konnte mich trotzdem nicht so richtig freuen – schlich ich in die Diele.

Da standen Olivers dunkelgrüner Rucksack, seine Tasche und jede Menge anderes Zeug.

Oliver brauchte all die Sachen. Er war Soldat und musste in seine Kaserne zurück, und von dort würde er sich auf eine lange Reise machen. „In den Mittleren Osten, Timo“, hatte er mir erklärt. „In ein Land, das Afghanistan heißt.“

Da herrschte Krieg. Und Oliver gehörte zu den Friedenstruppen, die dorthin fuhren, um den Menschen zu helfen.

Ich bewunderte meinen Bruder und dachte: „Wenn ich erwachsen bin, will ich auch so sein. Dann gehe ich zu den Friedenstruppen, bekomme eine tolle Uniform und – das Beste von allem! – so ein Fernglas, wie Oliver eins besitzt." Denn das hatte es mir angetan.

Ich nahm es heimlich aus dem Rucksack, und genau in dem Moment kam Oliver herein.

Er grinste, als er mich mit dem Fernglas ertappte, und nahm mich mit in sein Zimmer.

Da zog er die Vorhänge vor dem Fenster zurück und sagte: „Sieh in den Himmel."

Das tat ich; ich schaute durch das Fernglas nach oben. Der Himmel war mit schimmernden Sternen übersät. Es waren unzählige. Und sie waren unglaublich nah! Manche strahlten bläulich, andere eher gelb und wieder andere weiß.

Aber der größte und schönste Stern funkelte in goldenem Licht und ich musste tief einatmen, als ich ihn so dicht vor mir sah.

Oliver legte eine Hand auf meine Schulter. „Du hast wohl den Weihnachtsstern entdeckt, was?" Er lachte leise.

Ich ließ den Stern nicht aus den Augen und folgte seinen Strahlen mit dem Fernglas. Und da entdeckte ich ihn! Wie von einem Scheinwerfer angeleuchtet war da ein großer, weißer Hund. Er tollte auf einer Wiese herum, wie Hunde das eben manchmal tun.

„Guck mal, Oliver, da ist ein Hund und er ist ganz alleine!", schrie ich.

Oliver schaute durch das Fernglas. „Ah ja", sagte er und reichte es mir zurück. „Weißt du, wer das ist?"

Ich schüttelte den Kopf.

„Das ist Malaika. Sie ist ein Hirtenhund und gehörte einst den Hirten, die am Stall von Bethlehem waren."

„Ach Quatsch!", rief ich und stellte das Fernglas schärfer, um Malaika besser sehen zu können. „So was gibt es ja gar nicht."

Aber da saß Malaika vor mir! Ihr Fell leuchtete im Mondlicht und ihre Augen glänzten dunkel. Sie war schöner als irgendein Hund, den ich je gesehen hatte!

„Doch. Ganz bestimmt“, beharrte Oliver. „Allerdings kann man Malaika nur in der Heiligen Nacht sehen. Und dann auch nur, wenn das Licht des Weihnachtssterns auf sie fällt. Außerdem muss man sehr genau hinschauen – mit einem Fernglas zum Beispiel.“

Malaika wedelte mit dem Schwanz und spähte in meine Richtung, als wüsste sie, dass ich sie beobachtete.

„Glaub ich nicht! Im Stall von Bethlehem waren doch nur ein Esel, ein Ochse und die Schafe. Von einem Hund steht nirgendwo etwas“, wandte ich ein.

„Sie haben vergessen, es aufzuschreiben“, behauptete mein Bruder. „Aber wo Schafe sind, da sind auch Schäfer. Und Schäfer haben Hunde. Oder nicht?“

„Ja“, musste ich zugeben. Ich konnte mich nicht sattsehen an Malaika. Und als Oliver zu meinen Eltern zurückging, stand ich noch lange mit dem Fernglas da und malte mir aus, was die weiße Hündin am Stall von Bethlehem erlebt haben mochte. Wie sie leise bellte, wachsam umherschaute und die wolligen Schafe und ihre blökenden Lämmer in der Nacht behütete. Alles unter dem Weihnachtsstern. Hatte sie den Chor der Engel gehört? Die Ankunft der Heiligen Drei Könige gesehen? Maria und Josef? Womöglich sogar ... das Jesuskind?

Ich stand ganz still. Ganz stumm. Wie verzaubert war ich.

Ich musste wohl in Olivers Zimmer eingeschlafen sein, denn als ich am Morgen erwachte, lag ich in seinem Bett.

Die Vorhänge waren zugezogen, das Fernglas war weg und Oliver auch. Aber er hatte mir einen Brief dagelassen. In großen Druckbuchstaben, damit ich ihn leichter lesen konnte.

LIEBER KLEINER BRUDER!

DAS FERNGLAS MUSSTE ICH LEIDER MITNEHMEN. ABER WENN ICH ZURÜCKKOMME, SOLLST DU ES HABEN.

GROSSERBRUDEREHRENWORT!

DEIN OLIVER

Ich freute mich sehr, weil Oliver noch nie ein Großerbruderehrenwort gebrochen hatte.

Dieses allerdings hat er nicht gehalten. Er konnte es nicht. Sonst hätte er es getan, da bin ich mir ganz sicher! Aber Oliver hat in Afghanistan bei einem Bombenattentat sein Leben verloren.

Ich denke fast jeden Tag an ihn. Den besten großen Bruder, den man sich vorstellen kann. Es macht mich traurig, aber auch wütend über alle Kriege. Und ich frage mich, was er wohl als Letztes durch sein Fernglas gesehen hat.

Er fehlt mir entsetzlich. Doch am schlimmsten ist es zur Weihnachtszeit. Dann stelle ich mich ans Fenster, schaue in den Himmel und suche nach dem Weihnachtsstern. Wenn ich ihn finde und sein Glitzern sehe, höre ich immer Olivers Stimme. Leise, so leise, dass nur ich es hören kann, erzählt er mir sein Weihnachtsmärchen von Malaika, der weißen Hütehündin. In diesen Momenten ist es, als wäre er bei mir.

Patricia Koelle

Antons Tüte

Schweigend stand der Weihnachtsbaum in der Ecke vom Salon, so groß, als reiche er bis in den Himmel. Anne, das Nesthäkchen, konnte die Spitze kaum erkennen. Ungefähr in der Mitte hing ein Engel aus bemaltem Holz. „Das ist mein Glücksengel", sagte der Vater immer und lächelte dabei die Mutter an. Der Glücksengel trug in der einen Hand eine Trompete, in der anderen eine Papierfahne, auf der die Jahreszahl stand. „Dann sieht man auf dem Weihnachtsfoto immer gleich, von wann es ist", sagte Vater. In diesem Jahr konnte Wolfi die Zahl zum ersten Mal selbst entziffern. 1930 stand da.

An den Ästen zwischen den Honigkerzen baumelten kleine Tüten. Sie waren spitz, aus Silberfolie gedreht und oben mit buntem Papier verschlossen. In ihnen verbargen sich Bonbons, Kaffeebohnen aus Zucker und die kleinen runden Kekse, die entstanden, wenn man beim Backen Ringe aus dem Teig stach und die Mitte übrig blieb. Wolfi fand, dass diese Mitte noch viel besser schmeckte als die Ringe. Vielleicht weil sie in den Tüten am Baum hingen und dadurch etwas Weihnachtszauber abbekamen. Nach Heiligabend durfte sich manchmal eine Tüte herunternehmen, wer beim Gesellschaftsspiel gewonnen oder Elsa, dem Hausmädchen geholfen hatte. Elsa brauchte viel Hilfe, denn sie war eigentlich selbst noch ein Kind und war in die Stadt gekommen, weil sie hier ein Zimmer und zu essen bekam. Elsa hatte zuhause so viele Geschwister, dass es dort nicht genug Platz und Essen für alle gab. Wolfi war deswegen besonders nett zu Elsa. Oft schnäuzte sie sich dann gerührt in den Unterrock. „Der Herrgott hat's aber arg gut mit mir g'meint, dass der mich herbracht hat zu Euch", meinte sie.

Elsa war an diesem Weihnachtstag natürlich auch mit in die Kirche gekommen. Zur Freude Wolfis und seiner Geschwister hatte es schon vor einer Woche geschneit, und gestern wieder, wie es sich für Heiligabend gehörte. Mächtig kalt war es auch. Der Wind pfiff den Mädchen durch die wollenen Röcke, Unterröcke und die Strümpfe, die oben mit Knöpfen an den Leibchen befestigt waren, damit sie nicht rutschten. Selbst in der Kirche war es so kalt, dass auch die Jungen froren.

Die Kinder freuten sich auf zu Hause, wo sie mit der Eisenbahn spielen konnten und dem Puppenhaus. Anton, Wilhelm und Wolfi hatten eine größere Lokomotive bekommen und Gisela und Anne Wiegen für die Puppen. Anfang des Jahres würde das Christkind alles wieder mitnehmen und erst zum nächsten Weihnachtsfest würden die Kinder die Sachen zurückerhalten. Daher war jede Stunde kostbar, die man damit spielen konnte.

Aber der Vater war der Meinung, zur Körperertüchtigung sei noch ein Spaziergang fällig. „Wir gehen den Umweg über das Schloss", verkündete er. Niemand traute sich zu widersprechen. Das Schloss mit seinen Türmchen thronte schneeweiß auf dem Berg und sah wunderschön aus, wenn der Himmel blau war und die Wiesen grün. Anne träumte dann von Prinzessinnen und Wolfi von edlen Rössern. Doch bei diesem Wetter und mit nassen Stiefeln war Träumen nicht einfach, außerdem knurrten ihnen die Mägen. Mit schleppenden Schritten schlichen sie hinter dem Vater her. „Na los", trieb der sie an. „Wer zuerst zu Hause ist, bekommt eine Tüte vom Weihnachtsbaum!"

Schließlich stimmte Mutter „Ihr Kinderlein kommet" an, und alle sangen mit, obwohl sie in Gedanken schon bei Braten und Knödeln am Tisch saßen. Mitten im Lied brach Anne ab und fragte: „Wo ist Anton?"

Ja, wo war Anton? Anton, auf den man immer besonders aufpassen musste. Er hatte schlechte Augen und träumte noch mehr als Anne und Wolfi. Manchmal achtete er nicht so recht darauf, wo er hinlief. Und nun war er weg, mitten im Wald. Rufend liefen sie umher.

„Ach Herr", flehte Elsa mit gefalteten Händen, „beschütz unsern Anton!"

Anne fing an zu weinen. „Bestimmt erfriert der Anton!“

Wolfi dagegen dachte an den Engel am Baum. Vaters Glücksbringer. Der konnte doch auch dem Anton Glück bringen. „Lieber Gott“, dachte er mit aller Kraft, „mach, dass der Anton den Weg findet! Lass den Engel auf seiner Trompete blasen, dann hört er das bestimmt!“ Und als er das zu Ende gedacht hatte, fiel ihm etwas ein. Er rannte zum Vater und zog ihn am Ärmel. „Vater“, sagte er, „ich glaub, der Anton ist schon zu Hause.“

„Das kann gar nicht sein. Aber wir müssen euch Kinder sowieso nach Hause bringen. Dann suche ich allein weiter“, sagte der Vater.

Aber ausnahmsweise hatte nicht der Vater recht, sondern Wolfi. Sie sahen den Anton schon von Weitem vor der Haustür stehen. Er zitterte vor Kälte, weil er schon so lange dort stand.

Der Vater war so wütend darüber, dass Anton weggelaufen war, dass er ihn gar nicht zu Wort kommen ließ, und schickte ihn in sein Zimmer. Gegen Vaters Donnerstimme muckte keiner auf. Aber die Mutter ging mit einem heißen Kakao zu Anton, der gar nicht wusste, was er falsch gemacht hatte. „Vater hat doch gesagt, wer zuerst zu Hause ist, bekommt eine Tüte!“, schluchzte er.

Daran hatte der Vater in seiner Sorge gar nicht mehr gedacht. Er brachte dem Anton die schönste Tüte vom Baum und entschuldigte sich sogar.

Wolfi aber stellte fest, dass dem Engel die goldene Trompete heruntergefallen war. Behutsam steckte er sie ihm wieder in die Hand. Bestimmt war das passiert, als der Engel ganz doll darauf geblasen hatte, damit der Anton den Weg fand.

Evelyn Schütz

Oh, du schöne Weihnachtszeit

Äpfel, Nüsse, Mandelkern
essen alle Kinder gern,
ich tu es auch
und weils der Brauch,
stell ich Stiefel stets bereit,
jedes Jahr zur Weihnachtszeit,
damit der Nikolaus sie füllt
und mein Hunger wird gestillt
nach Zuckerzeug und Schokolade.
Dass Weihnachten nicht öfter ist, das find ich wirklich schade!

Die Mutter unterdessen
findet es vermessen,
die Nas' sie rümpft,
sie stöhnt und schimpft,
steht backend in der Küche,
es packen die Gerüche
nach den frisch gestylten Haaren,
aus ihrer Haut möchte sie fahren
vom Stress geplagt seit Tagen.
Dass Weihnachten noch öfter wär, das wollt sie nicht ertragen!

Der Vater findets angenehm,
mal nicht zur Arbeit aufzustehn.
An einem Tag, wenns richtig kalt,
macht er sich auf, geht in den Wald,
dort sucht er dann nach seinem Traum,
dem perfekten Weihnachtsbaum.
Stundenlang er sich dann schindet,
bis er den Heimweg wieder findet.
Der Baum ist krumm, die Stimmung schlecht.
Dass Weihnachten nicht öfter ist, das kommt ihm grade recht!

So ist die schöne Weihnachtszeit
für alle sehr verschieden.
Doch ist der Heil'ge Abend da,
herrscht Seeligkeit und Frieden!

Antonia Stahn

Ewige Zeiten

Einige Wissenschaftler behaupten,
– ich habe es nicht gewusst –
Christi Geburt fand statt
dereinst im August!

Diese vermeintliche Wahrheit,
man ahnt es schon,
stieß auf taube Ohren
und der Traditionalisten Hohn.

Denn seit zweitausend Jahren,
you remember,
feiert man Weihnachten,
Fest der Liebe, im Dezember.

Im Dezember,
so ward es bestimmt,
Adveniat –
die Zeit der Ankunft beginnt!

Am ersten Advent
freudig entzündet,
ein Lichtlein brennt
in froher Erwartung begründet.

Ein starkes Licht für ein Kind,
welches in dunkler Nacht
mit seiner frohen Botschaft
Liebe auf den Weg gebracht

Diesen Weg begleiten
wir Menschen seit ewigen Zeiten.
Mit Lichterglanz und Glockengeläut
am 24. Dezember, immer und heut!

Gabriele Huber

Weihnachten 1928

Es war Adventszeit, Weihnachten rückte näher und wir Kinder standen vor den Geschäften und drückten uns die Nasen an den Schaufensterscheiben platt, um all die Sachen in den Auslagen zu sehen. Aber wir hatten kein Geld, um auch nur eines der vielen bunten Spielzeuge kaufen zu können. Unser größter Besitz waren Schuhe und ein Wintermantel, der uns warm hielt.

Wir freuten uns aber über den Anblick der schönen Dinge und gingen vergnügt nach Hause. Dort roch es nach Weihrauch, weil unsere Mutter in der Vorweihnachtszeit immer ein paar Körner auf den Ofen streute.

Als Vorbereitung auf das Weihnachtsfest wurden lauter gute Sachen für das Kletzenbrot hergerichtet und sogar Kuchen und Kekse gebacken. Wenn mein Cousin ein paar Zutaten naschte oder vom Teig kosten wollte, konnte es sein, dass es ein paar auf die Finger gab. Dies hielt ihn aber nicht davon ab, erneut in die Teigschüssel zu greifen. Damals gab es nur zu Weihnachten und zu Ostern einen Kuchen und da war die Vorfreude natürlich besonders groß.

Weil der Heilige Abend bevorstand, hatten wir schulfrei, und deshalb konnte ich meinem Großvater zusehen, wie er Knüttel machte. Das waren große Holzstücke, die im Ofen sehr lange die Wärme hielten, und so konnten wir über den Kachelofen die Küche mitheizen. Die anderen Räume waren damals nicht beheizt, aber es war auch irgendwie schön, sich am Abend das Bett selbst anzuwärmen.

Am Heiligen Abend wurden der freudenreiche Rosenkranz gebetet und das Johannesevangelium. Es war meine Großmutter und später meine Mutter, die aus dem Gebetbuch vorlas und vorbetete. Heute bin ich es, die diese Familientradition in Ehren hält, und später wird es an meiner Tochter sein, den Brauch weiterzuführen.

Das Schönste war die Heilige-Nacht-Kerze, die mitten auf dem Tisch stand und die einzige Lichtquelle war. Die Flamme flackerte und die Schatten tanzten, und ich lauschte den betenden Stimmen.

Währenddessen gingen Großvater und Vater räuchern; es wurde jeder Raum mit Weihwasser besprengt und beräuchert. Auch der Stall, denn das Vieh sollte das ganze Jahr über gesund bleiben und hatte sich den Segen des Herrgotts verdient.

Dann mussten wir Kinder ins Bett, damit das Christkind kommen konnte. Weil wir sehr müde waren von den verschiedenen Arbeiten, bei denen wir nachmittags geholfen hatten, schliefen wir bald ein.

Doch da rief die Mutter durch die Tür: „Kommt, Kinder, das Christkind war da!"

Wir hörten ein feines Glöckchen läuten und – husch! – sprangen wir aus den Betten und liefen in die Stube, wo ein grüner Fichtenbaum stand mit vielen Keksen, vergoldeten Nüssen und Zucker, der in Papier eingewickelt war. Unter dem Baum lagen Socken und warme Mützen.

Voller Andacht sangen wir das schönste Lied der Welt, „Stille Nacht", und bewunderten die einfache Krippe. Dann gab es endlich den saftigen Kuchen, Kletzenbrot und Nüsse, und daran aßen wir uns satt.

Die Freude, die ich damals empfand, klingt mir noch heute im Herzen. Es waren die schönsten Weihnachtfeste in meinem Leben.

Matthias Weber

Hackbraten an Heiligabend

„Fröhliche Weihnachten!“, rief Frank und schüttelte eine billige Blechglocke vor Max’ Gesicht. Sie machte einen Höllenlärm.

Max sah von der Tastatur auf und blickte Frank über den Rand seiner Brille an. „Wie bitte?“

„Morgen ist es so weit! Weihnachten, Mann!“ Mit einer lässigen Handbewegung warf Frank die Glocke hinter sich. Sie landete scheppernd auf dem abgetretenen Parkett und schlitterte an die Wand.

„Weihnachten“, echote Max, als hätte er dieses Wort nie zuvor gehört.

„Jaaa! Du weißt schon: geschmückte Tannenbäume, Glühwein, Lichterketten, Gänsebraten, noch mehr Glühwein, viele Geschenke ... Das Fest der Liebe halt!“ Mit den Fingern schnipsend tanzte Frank durch den Raum und summte irgendeinen populären Christmas-Hit. Als er merkte, dass Max sich unbeeindruckt wieder an die Arbeit machte, blieb er stehen. „Ist nicht dein Ding, oder?“

„Deine Darbietung?“ Max schüttelte den Kopf. „Nicht wirklich.“

„Nee! Ich meine Weihnachten und so.“ Frank ließ sich auf seinen Stuhl fallen und streckte seine langen Beine aus. „Was machst du an den Feiertagen?“

„Arbeiten“, antwortete Max und hackte weiter auf der Tastatur herum.

„Die ganze Zeit? Das meinst du doch nicht ernst!“

„Warum nicht?“

Frank richtete sich auf. „Hast du denn keine Familie?“ Mit einem Mal wurde ihm klar, wie wenig er über Max wusste, obwohl er nun schon fast ein Jahr mit ihm zusammenarbeitete.

„Weit weg“, war alles, was Max dazu sagte.

„Weihnachten ganz allein ... Das ist hart.“

„Kein Problem. Ich komme ganz gut damit zurecht.“

„Trotzdem solltest du nicht allein zuhause sitzen." Frank stand jetzt wieder vor Max' Tisch.

„Das werde ich nicht." Max griff nach seiner Kaffeetasse und lehnte sich entspannt zurück.

„Dann bin ich ja beruhigt."

Max trank den letzten Schluck. „Ich werde hier sein, nicht zuhause."

„Hier?", rief Frank entsetzt. „Du willst die Feiertage im Büro verbringen?"

Max stand auf und schlenderte Richtung Küche. „Das Projekt soll bis Anfang Februar abgeschlossen sein, und wann kann ich schon mal drei Tage lang ungestört durcharbeiten?"

Frank folgte ihm. „Das geht doch nicht. Du kannst Weihnachten nicht arbeiten!"

Frischer, duftender Kaffee sprudelte aus dem Automaten. Max füllte seine Tasse. „Wer sagt das?"

„Na, alle. Der Papst zum Beispiel!" Frank goss sich ebenfalls eine Tasse ein. „An Weihnachten wird die Geburt Christi gefeiert."

„Ich wette, der Papst arbeitet in dieser Zeit ohne Unterbrechung."

„Das ist was anderes. Mal ehrlich: Bedeutet dir Weihnachten denn gar nichts?"

Max ließ sich wieder an seinem Schreibtisch nieder und dachte ein paar Sekunden nach. „Weihnachten bedeutet mir sogar eine ganze Menge. Weil es mich an meine Kindheit erinnert." Er blickte zu Frank hoch. „Weißt du noch, wie es war, Weihnachten als Kind? Der erste Schnee, der die ganze Welt in einen Ort voller Wunder und fantastischer Möglichkeiten verwandelte? Die freudige Erwartung, die über diesen Tagen lag?"

Weil Frank ihm aufmerksam zuhörte, fuhr Max fort: „Wir wohnten in einem kleinen Haus am Stadtrand. Meine Eltern waren nicht reich, nicht mal wohlhabend. Trotzdem hat es mir nie an etwas gefehlt. Und irgendwie schafften sie es immer, Weihnachten zu einem wundervollen Fest zu machen. Am Morgen durfte ich mit meinen Freunden draußen spielen. Dann liefen wir durch die Straßen und übertrumpften uns gegenseitig mit den verrücktesten Ideen, was das Christkind uns wohl bringen würde. Eine Mondrakete. Eine meterhohe Torte. Ein Rennpferd mit Düsenantrieb. Dabei wussten wir natürlich, dass alles nur Quatsch war, und haben uns kaputtgelacht.

Wenn es dunkel wurde, schauten meine Eltern und ich uns einen der alten Spielfilme an, die im Nachmittagsprogramm liefen, und dazu gab es heiße Schokolade und Plätzchen, die meine Mutter gebacken hatte. Unser Fernseher war ein museumsreifes Schwarz-Weiß-Gerät, aber das hat uns nie gestört. Wenn wir erst mal tief in den Film eingetaucht waren, kam es uns so vor, als sähen wir ihn in den leuchtendsten Farben."

Max blickte durch die hohen Fenster nach draußen in die Dämmerung. „Unser Wohnzimmer war winzig, doch für eine Tanne war immer Platz. Keine Ahnung, wie mein Vater es angestellt hat, aber jedes Jahr bekamen wir einen herrlich bunten, kitschigen Christbaum. Na ja, manchmal musste er ein paar Äste von der Rückseite wegschneiden, um den Baum tiefer in die Ecke zu schieben, doch er hat das immer so geschickt gemacht, dass man es nicht sah. Wir legten noch ein paar Päckchen darunter und stellten Krippenfiguren auf. Es gab nur wenige Geschenke, doch sie waren stets mit viel Sorgfalt und Liebe ausgewählt, sodass wir uns riesig darüber gefreut haben."

Franks Handy summte, doch er ignorierte es. „Erzähl weiter."

Max lächelte. „Unser traditionelles Abendessen vor der Bescherung war Hackbraten. Ich weiß nicht, aus welchem Grund, aber den gab es immer an Heiligabend. Und er schmeckte köstlich, obwohl ich meist viel zu aufgeregt war, um mehr als ein paar Bissen runterzukriegen."

„Karpfen", murmelte Frank. „Bei uns war es immer ein total versalzener Karpfen. Brrrrr!" Er schüttelte sich. „Seitdem mag ich keinen Fisch mehr."

Max nickte. „Ich verstehe." Gedankenverloren blickte er in die Ferne. „Als es endlich so weit war und wir unsere Geschenke auspacken durften, brannten nur noch die Lichter am Weihnachtsbaum.

Im Radio wurde klassische Musik gespielt, doch bevor die Stimmung zu feierlich wurde, legte mein Vater alte Jazz-Platten auf."

„Jazz an Weihnachten?" Frank blickte ungläubig.

Max zuckte mit den Schultern. „Wir fanden's klasse. Dazu goss meine Mutter unsere Tassen mit Punsch voll, für mich natürlich ohne Alkohol. Wir saßen nicht auf der Couch, sondern lümmelten uns auf Decken auf dem Boden, erzählten uns Geschichten und lachten viel. Worüber, weiß ich nicht mehr, aber ich erinnere mich, dass wir an Weihnachten immer fröhlich waren. Nicht albern oder so, sondern einfach nur – glücklich. Ja, wir waren glücklich. Wir hatten alles, was wir zum Leben brauchten, nicht im Übermaß, aber genug, um unbeschwert lachen zu können."

„Bei uns wurde an Weihnachten nie gelacht", seufzte Frank. „Meistens gab es Streit zwischen meinen Eltern, vor allem, wenn mein Vater mal wieder zu viel getrunken hatte und sich weigerte, in die Kirche zu gehen. Als ich älter war und nicht mehr zuhause feiern musste, habe ich mich abends in einer Kneipe mit Kumpels getroffen, denen es ähnlich ging. Wenigstens war ich dann nicht der Einzige, bei dem an Weihnachten der Haussegen schief hing." Er atmete tief durch. „Schon seltsam, oder? Ich meine, das alles hatte ich beinahe vergessen ..."

„Tut mir leid", sagte Max. „Es war nicht meine Absicht, irgendwas aufzuwühlen."

„Nein, nein, ist schon okay. Was habt ihr noch an Heiligabend gemacht?"

„Das war's fast schon. Natürlich gingen wir um Mitternacht zur Kirche, das gehörte sich so, und es war toll, dort meine Freunde zu treffen. Auch die Messe war immer sehr schön. Etwas Besonderes, das konnte man spüren. Als wir wieder zuhause waren, schlüpften wir in unsere Pyjamas und saßen noch ein wenig beisammen."

Eine Weile sprach keiner der beiden Männer ein Wort. Es war Frank, der das Schweigen brach. „Cool, Mann. Echt cool", meinte er. „Und wie feiert ihr heute?"

„Meine Eltern sind tot“, antwortete Max. „Aber obwohl sie nicht mehr bei mir sind, brauche ich mich nur daran zu erinnern, wie es früher war. Dann fühlt es sich so an, als wären sie mir ganz nah. Selbst wenn ich zwischendurch im Büro bin. Klingt merkwürdig, nicht?“

„Nein, ganz und gar nicht.“ Frank wirkte mit einem Mal sehr ruhig. Seine Überdrehtheit war verschwunden. „Danke, dass du mir davon erzählt hast.“ Er reckte sich. „Tja, ich schätze, ich werde mich langsam auf den Heimweg machen. Hab noch einiges zu erledigen. Du weißt schon ...“

„Wegen Weihnachten und so“, ergänzte Max.

„Ja, genau.“ Frank grinste, während er seine Jacke anzog. „He, sieh mal, es hat angefangen zu schneien!“

Max lächelte, als er die dicken Flocken sah, die munter im Wind tanzten, und stand auf.

Sie reichten sich die Hand.

„Frohe Weihnachten, Max. Wir sehen uns nach den Feiertagen.“

„Frohe Weihnachten, Frank, und eine gute Zeit.“

An der Tür blieb Frank stehen, hob die kleine Blechglocke auf und legte sie behutsam auf ein Regal. Dann trat er ins Freie und genoss die frische, kalte Abendluft in vollen Zügen. Ein paar Kinder liefen an ihm vorbei, völlig außer sich vor Freude über den Schnee. Buntes Neonlicht verwandelte ihn in eine glitzernde Masse.

Sein Handy summte erneut. Diesmal nahm er den Anruf an. Es war seine Freundin, die wissen wollte, was er sich Heiligabend zum Essen wünschte. Ein Grinsen ging über sein Gesicht. „Wie wär’s mit Hackbraten?“

Marianne Hahn

Die Schmalznuss

Zum Weihnachtsfest bei uns zuhaus,
da sieht es richtig prächtig aus.
Die wochenlange Plackerei
ist dann mit einem Mal vorbei.
Das Glanzgeschmeide hängt im Baum,
ein Lichtermeer erhellt den Raum,
frohlockend schallt es uns entgegen –
das nennt man weihnachtliches Leben.

Eine schöne Sitte, will ich erzählen,
darf hier zum Feste gar nicht fehlen.
„De Schmaltnöt“, sagt die Omama,
„die back ich euch, das ist doch klar!
Denn ohne diesen Gaumenschmaus
sieht Weihnachten arg traurig aus.“
Im Folgenden zeig ich euch an,
wie man’s am besten machen kann.

Man nehme Schweineschmalz (150g) und Butter (100g)
und mische das dann mit dem Zucker (175g),
ein Päckchen Zucker mit Vanillin
gibt man in diese Masse rin.
Damit’s nicht hart wird wie ein Brett,
kommt Hirschhornsalz (1Tl) zu Mehl (500g) und Fett.
Davon die Hälfte mischt man an
mit feinem Kakao (30g) und dann
werden schicke Kugeln draus gerollt,
in Walnussgröße ist’s gewollt.

Auf's Backblech werden sie drapiert
und man kann sehen was passiert,
wenn sie im heißen Ofen (200°E-Herd) stehen (10-15 Min.),
zu mächt'ger Größe sich aufblähen.
Nun gilt's sie vorsichtig behandeln,
wollen wir nicht ihre Form verschandeln.

Das ist – und darauf könnt ihr wetten –
ein kulinarisch' Zuckerschlecken!
Der gute Nikolaus kriegt gar
das allerschönste Exemplar.
Wir pflegen diesen alten Brauch,
es wäre schön, ihr macht das auch.

Ich wünsche allen Menschen hier auf dieser Erde,
dass Weihnachten schön und friedlich werde.

Eva Markert

Zimtsterne

Benjamin schlich den dunklen Flur entlang. Er zögerte einen Moment, dann öffnete er die Tür und steckte seinen Kopf in Alexanders Zimmer. „Kann ich reinkommen?“

„Meinetwegen.“

Alexander und Julian, seine beiden älteren Brüder, standen am Fenster. Benjamin quetschte sich zwischen sie.

Es dämmerte bereits. Viele Fenster in der Straße waren weihnachtlich geschmückt. Benni schluckte. Er dachte an früher. Auf sein Fenster hatte Mutti immer einen großen, lachenden Weihnachtsmann geklebt. Dieses Jahr war die Scheibe ebenso kahl wie die Stelle an der Wand, wo sonst der Adventskalender hing.

Weil seine Brüder nichts sagten und aus dem Fenster starrten, sagte er auch nichts und starrte aus dem Fenster.

Schließlich seufzte Julian. Benjamin schaute hoch und sah, dass er sich hastig eine Träne abwischte. „Juli, sei nicht traurig“, bat er.

„Nenn mich nicht Juli“, fuhr sein Bruder ihn an.

„So hat Mutti dich doch immer genannt. Und Alexander Alex und mich ...“

„Mutti. Du nicht.“

Bennis Augen füllten sich mit Tränen.

Alexander legte seinen Arm um ihn. „Du brauchst nicht gleich loszuheulen.“

Benni schniefte. Dann fragte er: „Wo ist Vati?“

„Im Wohnzimmer. Er sieht sich Fotos an.“

„Kommt, wir gehen zu ihm.“

Ihr Vater saß auf dem Sofa, ein Album auf den Knien. Sie drängten sich um ihn und betrachteten ein Foto, das die ganze Seite einnahm: ein geschmückter Tannenbaum, auf dem Wohnzimmertisch ein Weihnachtsteller mit Tannenzweigen, kleinen bunten Kugeln, Zimtsternen und einer dicken, goldenen Kerze in der Mitte. Die Familie um den Tisch, Benni mit seinen neuen Spielzeugautos und Mutti, die lächelnd zu ihm hinschaut.

„Das war erst voriges Jahr", sagte der Vater gedankenverloren.

Alexander räusperte sich. „Da wussten wir noch nicht, dass sie krank war."

„Auf dem Bild sieht sie ganz normal aus", meinte Benni.

„Wenn wir geahnt hätten, dass es unser letztes Weihnachten war …" Hastig schlug der Vater das Album zu.

„Aber Vati", sagte Benni leise, „das stimmt doch gar nicht."

„Was stimmt nicht?"

„Dass es unser letztes Weihnachten war. Es war Muttis letztes Weihnachten. Aber nicht unseres."

„Ohne Mutti gibt es bei uns kein richtiges Weihnachten mehr." Damit stürmte der Vater aus dem Zimmer.

Alexander putzte sich die Nase, Julian wischte sich wieder eine Träne ab. Benni musste auch weinen. „Aber morgen ist doch Heiligabend", stieß er hervor.

Julian winkte ab. „Das verstehst du noch nicht."

Alexander blieb stumm. „Ob ihr es glaubt oder nicht", hob er nach einer Weile an, „ich hätte Lust auf Zimtsterne ..."

Der Anflug eines Lächelns huschte über Julians Gesicht. „Du und deine Zimtsterne. Mutti hat schon immer eine doppelte Portion gemacht, trotzdem hast du die Plätzchen in Windeseile weggefuttert. Und Weihnachten waren dann kaum noch welche da."

„Wir haben ihr jedes Jahr beim Backen geholfen", mischte Benni sich ein. „Ob wir es auch alleine schaffen?"

Julian und Alexander schauten sich an.

Ihr Vater erschien in der Wohnzimmertür. Seine Augen waren rot und die Lider geschwollen. „Ich geh noch mal weg", sagte er mit heiserer Stimme.

„Wohin denn?", rief Benni, doch er bekam keine Antwort.

„Wahrscheinlich zum Friedhof." Julian stand auf. „Ich geh mit."

„Lass ihn.“ Alexander hielt ihn am Ärmel fest. „Ich glaube, er möchte allein sein. Außerdem musst du uns beim Backen helfen.“

„Au ja!“ Benni sauste bereits zur Tür. „Ich will aber auch von dem Teig probieren. Darf ich?“

Alexander nickte. „Solange du noch genug für Plätzchen übrig lässt!“

„Komisch“, meinte Julian, als sie in die Küche hinübergingen, „jedes Jahr habe ich beim Backen geholfen. Trotzdem habe ich keine Ahnung, wie man Zimtsterne macht.“

„Ich auch nicht.“ Alexander grinste ein wenig. „Aber ich weiß, wo das Rezept ist.“

Er nahm das Backbuch vom Küchenregal und las die Zutaten vor, während Julian die Sachen zusammensuchte.

„Also: Zunächst brauchen wir Eischnee. Und damit haben wir gleich das erste Problem: Wer von euch traut sich, Eier zu trennen? Ich jedenfalls nicht.“

Julian meldete sich freiwillig, mit dem Ergebnis, dass die Eierschale zersplitterte und das gesamte Ei zwischen seinen Fingern hindurchtroff.

„Lasst mich mal!“ Benni griff nach einem Ei, und es zeigte sich, dass er ein natürliches Eier-Trenn-Talent besaß. Staunend sahen seine Brüder zu, wie er mit schlafwandlerischer Sicherheit die Schale aufschlug und Eiweiß und Eigelb geschickt in zwei verschiedene Gefäße schüttete. Er geriet richtig in Fahrt. „Jetzt mahle ich die Nüsse.“ Schon begann er, eine Handmühle am Tischrand festzuschrauben.

„Warum nimmst du nicht die Küchenmaschine?“, fragte Julian. „Damit geht es viel leichter.“

„Weil Mutti das nicht erlaubt. Sie sagt: Handmühlen sind für Kinder und Küchenmaschinen für Erwachsene.“ Er begann, die Kurbel zu drehen. Bald hatte er ein hochrotes Gesicht. „Wie viel brauchen wir noch?“, fragte er atemlos.

„Keine Ahnung. Im Rezept steht, man soll so viel unter den Eischnee rühren und kneten, bis es nicht mehr klebt.“

Sie rührten und kneteten unter den Eischnee, was sie hatten.

„Ich hoffe, jetzt reicht es.“ Alexander wischte sich die Hände an einem feuchten Lappen ab. „Obwohl das Zeug immer noch ziemlich klebrig ist.“

„Ich guck mal, ob ich Sterne ausstechen kann.“ Benni drückte einen Klecks Teig auf dem Tisch platt.

Gleich der erste Stern gelang und schnell war das Backblech voll.

„Jetzt müssen wir die Dinger gebacken kriegen.“ Julian machte ein bedenkliches Gesicht. „Das scheint allerdings gar nicht so einfach zu sein. Ich erinnere mich, wie oft Mutti vor dem Ofen hockte und sagte: Soll ich euch schon rausnehmen oder besser noch nicht?“

„Schieb das Blech erst mal rein, dann sehen wir weiter.“

„Ich finde, es macht Spaß, Zimtsterne zu backen“, rief Benni dazwischen. „Findet ihr nicht auch?“

„Ein bisschen schon“, erwiderte Juli und Alex nickte.

Kaum waren die ersten Zimtsterne abgekühlt, steckte sich Alex einen in den Mund. „Schmeckt prima!“, verkündete er.

„Du musst es ja wissen.“ Juli schlug ihm auf die Schulter. „Wenn einer hier im Haus was von Zimtsternen versteht, dann du.“

An der Haustür hörten sie Geräusche.

„Vati ist zurück.“ Benni rannte los. „Bestimmt will er auch probieren.“

„Kommt ja nicht raus!“, donnerte die Stimme des Vaters im Flur.

Benni erstarrte. Juli und Alex sahen sich erschrocken an.

Nach einer Weile ging die Küchentür auf und der Vater trat mit geröteten Wangen ein. „Was ist denn hier los?“ Er setzte sich zu ihnen an den Tisch. „Mmm, wie gut das duftet! Krieg ich auch einen Zimtstern?“

„Na klar!“ Stolz hielt ihm Benni einen hin.

Er biss hinein. „Donnerwetter“, sagte er, „ich hätte gar nicht gedacht, dass ihr so leckere Zimtsterne backen könnt.“

„Wir haben Muttis Rezept genommen.“

Für einen Moment sah es so aus, als ob ihm das Herunterschlucken schwerfiele. Dann fügte er hinzu: „Ich war übrigens gerade beim Christkind und habe ein paar Geschenke abgeholt.“

Ein Jubelschrei kam aus Bennis Mund. Bestürzt verstummte er. Durfte er sich auf Geschenke freuen, wo doch Mutti …?

Sein Vater lächelte ihn an. „Freust du dich?“

Verlegen nickte Benni.

„Das ist schön. Das würde Mutti gefallen. Und dass ihr Zimtsterne gebacken habt, fände sie bestimmt auch großartig.“

Benni kletterte auf seinen Schoß. „Glaubst du, Mutti kann uns sehen?“

„Ich bin mir nicht sicher. Aber eins weiß ich genau: Sie möchte, dass bei uns richtig Weihnachten gefeiert wird, auch wenn sie nicht mehr bei uns sein kann.“

„Vati, Juli, Alex …!“ Benni war so aufgeregt, dass er erst noch mal Luft holen musste. „Mutti soll auch Weihnachten haben. Wir legen ihr ein paar von unseren Zimtsternen aufs Grab, ja?“

„Das ist eine gute Idee.“ Der Vater nahm sich noch ein Plätzchen. „Wir können Mutti was Weihnachtliches bringen, wenn wir morgen zum Friedhof gehen.“

„Ihren Lieblingsweihnachtsteller, den mit den Engeln“, überlegte Juli. „Wir legen Tannenzweige darauf und kleine, bunte Weihnachtskugeln …“

„… und in die Mitte stellen wir eine goldene Kerze“, ergänzte Alex. „Die zünden wir an, wenn es dunkel wird.“

„Vergesst die Zimtsterne nicht! Die will ich auf den Teller tun“, rief Benni dazwischen.

Juli ging zur Tür. „Ich hole schon mal Tannenzweige aus dem Garten.“

„Bring welche für uns mit“, rief der Vater ihm nach. „Dann machen wir uns auch einen Weihnachtsteller – genau so einen wie für Mutti.“

Eva Markert

Es ist Weihnachten

Stille, einsam schwarze Nacht
Über mir nur kalte Sterne
Meine Spuren tief im Schnee
Alleine zieh ich meiner Wege

Schwarze Einsamkeit in mir
Kaltes Licht in meinen Augen
Niemand findet meine Spuren
Vergebens zieh ich meinen Weg

Geläut weht weit durch diese Nacht
Und Kerzenlicht wärmt meinen Blick
Ein Kind hat Spuren hinterlassen
Alleine zog es seinen Weg

Die dunkle Nacht ist voller Klänge
Der Stern hat uns ein Licht gezeigt
Noch immer folgen wir den Spuren
Begleiten uns ein Stück des Wegs

Patricia Koelle

Herrn Thiesbrummels Weihnachtsbaum

Schnaufend schleppte Hajo seine sperrige Last die Kellertreppe hinauf. Unten war es kühl gewesen. Dankbar streckte er die Arme in die helle Frühlingsluft.

Herr Thiesbrummel eilte aus dem Laden und reichte ihm ein Glas Limonade. „Hier, Junge, haste dir verdient!“

„Schmeckt genau wie früher.“ Ein bisschen zu süß, aber fröhlich und nach Kindheit. Herr Thiesbrummel hatte ihm stets Limonade, einen Lutscher oder ein Würstchen zugesteckt, wann immer Hajo für seine Mutter einkaufen war oder müde von der Schule kam. Ein Jammer, dass es Herrn Thiesbrummels altmodisches Feinkostgeschäft bald nicht mehr geben würde! Aber auch er hatte wohl ein Recht auf einen Lebensabend. Das Rentenalter hatte er schon bei weitem überschritten, und das Rheuma zwickte.

Hajo selbst war inzwischen zweiundzwanzig. „Was machen wir damit?“ Zweifelnd betrachtete er den künstlichen Weihnachtsbaum, den er in einer staubigen Kellerecke gefunden hatte. Seltsamerweise war der gar nicht staubig, sondern leuchtete so maigrün wie die jungen Blätter der Linden.

Herr Thiesbrummel montierte gerade das verschnörkelte Schild über der Tür ab. „Thiesbrummels“ hatte da schlicht gestanden, drei Generationen lang. Aber für alles gab es eine Zeit. Er warf Hajo und dem Weihnachtsbaum einen Seitenblick zu. „Der muss wohl auch auf den Sperrmüll“, sagte er verschmitzt.

Hajo trug den Baum zu dem Haufen in der Hofecke, irgendwie konnte er ihn nicht loslassen. Nachdenklich drehte er ihn hin und her. Das war immerhin ein Weihnachtsbaum und kein alter Schirmständer. „Kann ich den mitnehmen? Vielleicht kann ich ihn für den Ruderclub brauchen.“

Hajo arbeitete im Ruderclub ehrenamtlich mit einer Kindergruppe. Eigentlich war der Club nur ein alter Bootsschuppen und ein verfallender Steg neben einem Yachtclub. Aber der Besitzer, Doktor Rinning, hatte Hajo erlaubt, den „Ruderclub“ für ein paar Stadtkinder zu starten und unterstützte das Projekt sogar. Hajo machte die Sache Spaß und er kam auf diese Weise an ein Ruderboot. Er liebte den Wind auf dem Wasser, den leicht modrigen Geruch nach Fischen und Algen. Das Gefühl, wenn acht Kinder in gleichmäßigem Rhythmus die Ruder durchzogen und das Boot vorwärts schoss, während er behutsam steuerte, war unvergleichlich.

„Kannst alles mitnehmen, was einer brauchen kann“, murmelte Herr Thiesbrummel, der gerade einen Schraubenzieher zwischen den Zähnen hatte.

So kam es, dass Hajo sich mitten im Mai mit einem Weihnachtsbaum über der Schulter auf den Heimweg machte. Die sperrigen Zweige streiften die duftenden Blüten eines Fliederbuschs, verwirrten zwei Zitronenfalter auf ihrem verliebten Flug, erschreckten ein Spatzenpärchen, das in einer Hecke brütete, und bekamen außer ihrem Gezwitscher auch einige Tropfen eines warmen Frühlingsregens ab. Kinder lachten und zeigten auf Hajo. In der Bahn runzelten ältere Damen die Stirn und achteten darauf, dass die Baumspitze ihnen nicht die Dauerwellen zerzauste.

Zuhause stellte Hajo den Weihnachtsbaum neben die Garderobe, in die dunkle Ecke hinter der Wohnungstür. Er stülpte einen alten Bettbezug darüber, damit die Zweige nicht so viel Platz brauchten und nicht einstaubten. Wenn die kleine Garderobe voll war, hängten Hajos Besucher auch schon mal ihre Jacken über den Baum. Meistens bemerkten sie den Irrtum gar nicht.

Aber seltsam: Wenn sie die Jacken wieder anzogen, wurde ihnen fröhlich zumute. Sie gingen hinaus in einen Regentag und fanden das Wetter plötzlich nicht mehr schlimm. Oder die nächste Prüfung kam ihnen gar nicht mehr so schwer vor. Manche dachten auch: „Was für ein netter Kerl der Hajo doch ist. Ich muss bald wiederkommen.“

Tatsächlich hatte Hajo, der gerade mit dem Studium anfing, in diesem Sommer ungewöhnlich viel Besuch.

Zum Geburtstag bekam er von seinen Eltern eine schön geschnitzte, größere Garderobe. „Dann kannst du das pieksige Ding da entsorgen“, sagte seine Mutter und zeigte mit dem Finger auf den Weihnachtsbaum, der in seinem Bettbezug aussah wie ein unglückliches Gespenst.

Hajo schulterte den Baum und trug ihn zum Ruderclub. Inzwischen war es einfach zu spät ihn wegzuwerfen. Und er hatte das Gefühl, das würde Herrn Thiesbrummel enttäuschen. Unterwegs streifte der Baum ein paar reifende Äpfel und schlug einem Mann eine Tüte Erdbeeren aus der Hand. Der Wind wehte ein paar frisch abgemähte Grashalme zwischen seine Zweige. Auch von dem Lachen der Kinder, die im See planschten, blieb etwas darin hängen und von der dicken, friedlichen Augustwärme, die über dem Land lag.

Schnaufend verstaute Hajo den Baum in einer Ecke zwischen einem alten Kajak und einer zerbrochenen Leiter. Dort blieb er stehen und niemand dachte mehr daran. Der August verging, der September kam mit Beeren und Birnen und Nüssen, dann der Oktober mit goldenen Blättern und Kürbissen.

Fast täglich war Hajo auf dem Wasser mit den Kindern, die zuhause nur Stadt um sich hatten, staubige enge Wohnungen und erschöpfte Eltern ohne Zeit. Da waren zum Beispiel die Zwillinge Paul und Kai, erst achtjährig, die den ganzen Weg zum See allein in der S-Bahn zurücklegten und meist nichts gegessen hatten außer Gummibärchen. Wenn sie wieder gingen, waren sie noch schmutziger, aber sie hatten Äpfel und ein Würstchen im Bauch, neue Muskeln an ihren dürren Oberarmen und trugen ein breites Lächeln. Da war der dicke Martin, der frech zu allen war und auch mal um sich trat, aber Hajo machte ihn zum Steuermann und plötzlich benahm er sich gut vor lauter Stolz, dass man ihm das zutraute. Da waren auch Kesja und Sabine, die beiden fast erwachsenen aber zierlichen und schüchternen Mädchen, die viel ausdauernder waren, als man glaubte. Sie schleppten sogar die schweren Boote und waren sich zum Putzen nicht zu schade; Hauptsache, sie konnten dem Wasser und dem Himmel nahe sein.

Im November mussten sie die Boote sauber im Schuppen verstauen. Trotzdem traf sich die kleine Gruppe mindestens einmal in der Woche. Sie machten Spiele und ein paar Trockenübungen, reparierten zerbrochene Rudergabeln, aßen mitgebrachten Kuchen, planten neue Paddelabenteuer, und manchmal half Hajo bei Hausaufgaben, während Kesja und Sabine mit unbeholfenen Stichen Flicken auf Kais Hosen nähten. In diesem Winter war es aus irgendeinem geheimnisvollen Grunde besonders gemütlich im Bootsschuppen.

Im Dezember schmückten sie die Wände mit Tannenzweigen und sangen Weihnachtslieder zu Hajos Gitarrenspiel. Einmal, als Hajo abends das Licht ausmachen wollte, zuckte er zusammen. Ihm war, als hätte er ein vertrautes Räuspern gehört. Herr Thiesbrummel! Doch da war natürlich niemand. Aber das vermeintliche Geräusch war aus der Ecke gekommen, in der Herrn Thiesbrummels künstlicher Weihnachtsbaum stand. Und der fiel Hajo auf diese Weise wieder ein. Darum klopfte er, ehe er sich auf den Heimweg machte, am Clubhaus des Yachtclubs nebenan. „Herr Doktor Rinning?“, rief er.

Der steckte mit jovialem Lächeln den Kopf aus der Tür. „Was gibt's? Probleme?“

„Veranstalten Sie dieses Jahr wieder einen Weihnachtsball?“

„Selbstverständlich. Aber warum fragst du?“

„Ich dachte nur ... Ich habe zufällig einen großen künstlichen Weihnachtsbaum. Er ist schön. Ich dachte, Sie können ihn vielleicht gebrauchen?“

„Nein, Junge, nett von dir. Einen alten und auch noch künstlichen Weihnachtsbaum kann ich meinen Gästen nicht zumuten. Die sind Besseres gewöhnt. Aber ihr dürft natürlich wieder im Schuppen feiern, und Madeleine bringt euch eine Häppchenplatte aus der Küche.“

„Danke, Doktor Rinning.“ Er trollte sich. Hätte er sagen sollen: „Meinen Kids kann ich Truthahnpastetchen und Fenchel in Krabbendip nicht zumuten, die sind Besseres gewöhnt, nämlich Buletten und

Pommes"? Er würde schon dafür sorgen, dass es was Anständiges zu essen gab. Aber für den Baum war in dem engen Schuppen beim besten Willen kein Platz.

Aber ein Weihnachtsbaum muss an Weihnachten doch Weihnachtsbaum sein dürfen! Im Grunde hatte Doktor Rinning ja recht. Hajo mochte selbst lieber echte Weihnachtsbäume, die nach Tanne dufteten. Aber er hing trotzdem an Herrn Thiesbrummels Baum. Er beschloss, ihn einfach draußen aufzustellen, vor dem Schuppen. Dort würde es gar nicht auffallen, dass er nicht duftete. Da roch es sowieso nach Wasser und Herbstblättern, mit ein bisschen Glück auch nach Schnee.

Es schneite tatsächlich. Es schneite so früh und so viel, dass die Menschen an Weihnachten den Schnee schon beinahe wieder satt hatten, weil sie Straßen und Autos ständig freischaufeln mussten und weil es so bitterkalt war. Hajo war froh, dass er rechtzeitig ein Rohr in die Erde gebohrt hatte, in das er den Weihnachtsbaum stecken konnte. So stand dieser pünktlich am Mittag des 24. Dezember aufrecht und stolz auf dem schmalen Uferstreifen zwischen dem Bootsschuppen und dem Steg, während in der Nähe die echten Tannen fast wie eine Fälschung wirkten, so grün leuchtete der künstliche Weihnachtsbaum. Die Zweige trugen Kugeln die jahrelang zur Weihnachtszeit Herrn Thiesbrummels Baum geschmückt und die Kunden erfreut hatten. Dazwischen waren glänzende Sterne aus bunter Metallfolie verteilt, die Paul und Kai sorgfältig ausgeschnitten hatten. Darin spiegelten sich die schweren Wolken, die den Himmel entlangjagten und immer mehr aufrissen, so dass endlich ein paar Sonnenstrahlen hindurchdringen konnten. Das war sehr wichtig. Denn der Weihnachtbaum hatte noch einen besonderen Clou bekommen: Hajo hatte eine Lichterkette besorgt, die ein Solarmodul besaß. Dieses sah aus wie ein viereckiger schwarzer Spiegel. Das Sonnenlicht traf darauf und lud die Akkubatterien im Inneren auf. Auf die Unterseite hatte Hajo einen großen Folienstern geklebt, damit es nicht so hässlich aussah. So kam es, dass Herrn Thiesbrummels Weihnachtsbaum einen Stern auf der Spitze trug, der nicht senkrecht stand wie jeder andere anständige Stern auf einem Weihnachtsbaum, sondern waagerecht lag. Ein wenig ungewöhnlich sah das schon aus. Aber dafür würde der Himmel selbst diesen Baum zum Leuchten bringen.

Die Kinder kamen am Nachmittag. Abends wollten sie mit ihren Eltern feiern, aber nun füllten sie das Bootshaus mit Lachen, kleinen Geschenken und dem Duft nach Bratäpfeln und Plätzchen. Sie hatten Geschwister mitgebracht und Freunde, der Schuppen war gestopft voll, aber umso gemütlicher wurde es.

Hajo sah sich um; er vermisste Kesja. Vorhin hatte sie doch noch mit Sabine gelacht und dem kleinen Kai geholfen, ein Geschenkband aufzuknoten. Er blickte aus dem Fenster und sah sie ganz am Ende des Stegs in dem einzigen Boot sitzen, das sie für Notfälle im Wasser gelassen hatten, einem verwitterten alten Kahn, auf dessen Seite in wackeligen Buchstaben jemand den Namen „Seehund“ gemalt hatte. Hajo griff nach seiner Gitarre und ging leise hinaus. Der fröhliche Kinderlärm blieb hinter ihm zurück. Im Vorbeigehen bückte er sich und knipste den Schalter an der Lichterkette an, deren winzige Birnen aufstrahlten, als hätte sich soeben ein ganzer Schwarm Glühwürmchen auf den künstlichen Zweigen niedergelassen.

Der Himmel und Hajo hatten den vergessenen Baum aus „Thiesbrummels“ wieder zum Leben erweckt.

„Alles in Ordnung?“, fragte Hajo und kletterte ins Boot zu Kesja. Es schwankte unter seinem Gewicht und das Wasser gluckerte unter dem Boden, wo es noch nicht zugefroren war. Nebenan im Yachthafen schlug der Wind klirrend die gefrorenen Leinen gegen die Fahnenmasten. Dann wurde es still.

„Ich wollte nur ein bisschen Ruhe“, sagte Kesja. „Eigentlich kann ich künstliche Weihnachtsbäume nicht ausstehen. Doch dieser hier ist etwas ganz Besonderes. Ihn zu sehen macht so ... zufrieden.“

„Mir geht es genauso“, bekannte Hajo. „So ähnlich habe ich mich früher gefühlt, wenn ich bei Herrn Thiesbrummel war.“ Er erzählte Kesja die Geschichte des Baums und seine Finger zupften dabei an den Saiten seiner Gitarre. „Herr Thiesbrummel war so etwas wie ein Ganzjahresweihnachtsmann für mich“, sagte er schließlich. „Er hatte immer einen Keks, eine besondere Frucht, eine neue Sorte Wurst, ein Pflaster für mein Knie oder ein tröstendes Wort, wenn ich eine schlechte Note hatte. Wenn mein Taschengeld nicht reichte, bekam ich auch mal einen Bleistift umsonst oder eine Blume für meine Mutter zum Geburtstag. Ich wusste einfach immer: Bei Herrn Thiesbrummel im Laden, da gibt es, was ich brauche – und das waren nicht immer Dinge. Dort erfüllten sich die kleinen Wünsche, von denen ich gar nicht wusste, dass ich sie hatte. Hinterher merkte ich, wie wichtig sie mir waren."

Kesja strich über die raue Bootswand. „So einen Ganzjahresweihnachtsmann hätte ich auch gerne", sagte sie leise.

Hajo sah sie von der Seite an. Wann hatte sie aufgehört, Kind zu sein? In der schneehellen Dunkelheit sah es so aus, als hätte sich ein wenig von dem eingefangenen Sonnenlicht, das den Baum zum Leuchten brachte, in ihren Haaren verfangen.

„Was würdest du dir wünschen?", fragte er.

„Der Wannsee ist schön ... Aber ich möchte so gern einmal das Meer sehen", sagte sie verträumt.

Hajo dachte nach. Da war sie bestimmt nicht die Einzige. Keines der Kinder hatte eine Familie, die sich eine Reise erlauben konnte. Warum sollte er mit der Gruppe nicht einmal einen Tagesausflug nach Warnemünde machen? Mit der Bahn ... Er rechnete. Das war doch machbar. Gleich nachher würde er auf Doktor Rinnings Weihnachtsball um Spenden dafür bitten. Der würde nicht begeistert sein. Aber er konnte Hajo schlecht an Weihnachten vor allen Gästen vor die Tür setzen. Schlecht fürs Image.

„Sieh mal!" Kesja zeigte aufgeregt zum Ufer und setzte sich ganz gerade hin, so dass das alte Boot erneut zu schaukeln begann und das Wasser gluckerte, als lache der See leise.

Während Hajo Kesja von dem alten Herrn Thiesbrummel erzählt hatte, war unbemerkt Seltsames geschehen. Es war, als hätte sich der Geruch nach Flieder und nach Erdbeeren, der im Frühling im Baum hängengeblieben war, zwischen den Zweigen hervorgestohlen. Der Duft nach gemähtem Gras und reifen Äpfeln, dem der Baum im

Sommer auf dem Weg in den Ruderclub begegnet war, lag plötzlich in der Luft. Die helle Maisonne und die dicke, friedliche Augustwärme erwärmten offenbar gerade jetzt, an diesem Heiligabend, die kalte Erde vor dem Bootshaus, als hätten die winzigen Glühbirnen der Lichterkette sie aus einem langen Schlaf geweckt. Rund um den Baum schmolz der Schnee und Gras kam zum Vorschein, in diesem Licht fast so grün wie Herrn Thiesbrummels Weihnachtsbaum. Ein Zwitschern ertönte von irgendwoher aus dem dunklen Himmel und Hajo dachte an die Spatzen, die er im Frühling erschreckt hatte, als er mit dem Baum vorbeiging. Und Kesja hätte schwören können, sie hätte für einen Augenblick zwei Zitronenfalter gesehen, die frühlingstrunken umeinander tanzten. Auf einmal fror sie nicht mehr. Sie spürte, sie würde eines Tages das Meer sehen und noch viel mehr. Denn Hajo saß neben ihr, und der alte, künstliche Weihnachtsbaum eines noch älteren Mannes feierte mit ihnen das Leben.

Hajo hob die Gitarre und begann zu spielen. Nicht „Stille Nacht, heilige Nacht", wie er es erst vorgehabt hatte. Nein: „Am Weihnachtsbaume die Lichter brennen ..." Nach ein paar Takten begann Kesja mitzusingen. An der Stelle „Zwei Engel sind hereingetreten" glaubte Hajo, seinen Augen nicht zu trauen können. Zwei kleine Gestalten in langen Gewändern tauchten aus den Schatten hinter dem Baum auf und kamen langsam näher. Doch dann erkannte er Paul und Kai, die nur dünne Jacken besaßen und sich in Wolldecken gewickelt hatten. Hinter ihnen tauchten nach und nach auch die anderen Kinder auf. Schließlich standen sie alle um den Baum oder hockten auf dem Steg. Staunend sahen sie, wie der Frühling, der ein Leben lang im Herzen von Herrn Thiesbrummel gewohnt hatte, an diesem Heiligabend nicht nur das kleine Stück Erde um den Baum herum erwärmte.

Auf der anderen Seite des Sees begannen die Kirchenglocken zu läuten.

Marianne Schaefer

Schlittenfahrt mit einem Engel

Es war noch früh am Morgen. Das Engelchen Susanna saß versonnen auf einer wohlig weichen Wolkenbank. Traurig blickte sie hinunter auf die tief verschneite Erde. „Heute ist Heiligabend“, dachte sie. „Die Erdenkinder feiern Weihnachten und werden beschenkt, nur mein Wunsch bleibt wieder unerfüllt.“

Der Weihnachtsmann, der Geschenke auf seinen Schlitten packte, sah das verträumte Engelchen und rief: „Hallo, Susanna, träum nicht! Hilf mir lieber. Ich muss noch einmal hinunter auf die Erde Geschenke verteilen. Wie soll ich das alles nur alleine schaffen?“

Susanna öffnete ihre zarten Flügel und schwebte zum Schlitten.

„Erfüllst du mir endlich meinen Wunsch, wenn ich dir helfe?“, fragte sie keck.

„Warum willst du unbedingt auf der Erde Schlitten fahren?“

„Bitte, bitte, nimm mich mit!“, bettelte sie, „Ich passe auch schön auf mich auf.“

Der Weihnachtsmann ging noch einmal die Bestellungen durch, strich alles aus, was er schon aufgeladen hatte.

„Hol mir bitte noch die Flöte für Robert“, sprach er.

„Wer ist Robert?“, wollte Susanna wissen.

„Den wirst du gleich kennenlernen“, erwiderte der Weihnachtsmann.

„Also erfüllst du mir meinen Wunsch und nimmst mich mit?“, fragte Susanna.

„Ja“, brummte der Weihnachtsmann in seinen Bart. „Du gibst ja doch keine Ruhe, du Quengelchen.“

Mit einem Jubelschrei flog sie davon und in Windeseile kam sie mit der Flöte zurück.

Der Weihnachtsmann half ihr auf den Schlitten und griff in die Zügel. Die Rentiere wieherten laut und los ging die Fahrt durch die Lüfte!

Hoch oben in den Bergen hielten sie an, genau hinter einem kleinen Haus am Waldesrand. Es lag tief vergraben in der weißen Pracht.

„Hier – die Flöte ist für Robert. Du kannst ihm das Geschenk gleich selbst geben. Vielleicht macht er ja zum Dank eine Schlittenfahrt mit dir. Grüß ihn herzlich und sei pünktlich. Du weißt: Um acht Uhr wird die Himmelspforte geschlossen."

Da stand sie nun in ihrem dünnen Kleidchen im tiefen Schnee. Ihre Flügel zitterten vor Aufregung. Der Schnee, von der Sonne beschienen, glitzerte wie tausend Sterne. Glücklich strahlten ihre Augen.

Sie stapfte auf das Haus zu und klopfte leise an die Haustüre.

Robert war zehn Jahre alt. Er lebte mit seiner Mutter alleine in der Einsamkeit. Er hörte das Klopfen, aber seine Mutter hatte ihm verboten, die Türe zu öffnen, wenn sie im Dorf zur Arbeit war. Er drückte seine Nase an der Scheibe platt, sah aber niemanden.

Wieder klopfte es.

„Und wenn es der Weihnachtsmann ist?", dachte er und öffnete die Tür.

Vor ihm stand ein kleines Mädchen. Schnee hing in ihren Locken. Ihre blauen Augen strahlten ihn an.

„Wer bist du?", wollte Robert wissen.

„Ich heiße Susanna und bin ein Engel", sagte sie.

„Du spinnst!", entfuhr es ihm. „Ein Engel hat doch Flügel!"

Susanna drehte sich zur Seite und zeigte sie ihm.

Erschrocken wich Robert zurück.

„Hab keine Angst! Ich soll dich vom Weihnachtsmann grüßen und dir dein Geschenk bringen."

Roberts Mutter war sehr streng mit ihm. Für jedes Geschenk, das er bekam, musste er eine Gegenleistung erbringen. Deshalb fragte er: „Und was muss ich dafür tun?"

„Wie wär's mit einer Schlittenfahrt? Da, wo ich herkomme, weit über den Wolken, gibt es keinen Schnee."

„Woher weißt du dann davon?"

„Wir Engelein da oben sind nicht anders als ihr Kinder hier unten. Wir blinzeln manchmal neugierig durch die Wolken."

„Also gut", sagte Robert. „Wenn das dein einziger Wunsch ist."

Er schrieb für seine Mutter einen Zettel: „Bin mit einem Engel Schlitten fahren." Dann legte er das Geschenk unter den Tannenbaum und holte seinen Schlitten aus dem Stall.

Und los ging die Fahrt!

Wie Susannas Locken flogen, wie ihr Kleidchen wehte! Es ging den Berg hinunter und hinauf, durch einen Hohlweg, über Hügel hinweg, zwischen verschneiten Tannen hindurch. Es war noch viel schöner als Fliegen. Susannas Lachen klang wie ein helles Glöckchen durch die Stille. Sie ließ sich vom Schlitten fallen, wälzte sich im Schnee, warf ihn in die Luft und sah bald schon aus wie eine große Schneeflocke.

Zum Schluss bauten sie vor dem Haus noch einen kugeligen Schneemann und machten eine Schneeballschlacht.

„Jetzt ist mir aber doch ein bisschen kalt geworden", sagte Susanna.

„Willst du noch mit hinein kommen?", fragte Robert.

Sie schüttelte den Schnee aus den Haaren. „Nein, es ist spät geworden. Das war der schönste Tag in meinem Engelleben. Du hast mir einen großen Wunsch erfüllt. – Ich muss los!"

Ihr Dankeskuss war wie ein Hauch auf seiner Wange.

So still und leise, wie sie gekommen war, verschwand sie wieder. Der Weihnachtsmann wartete schon auf sie.

Die Sonne ging unter und legte einen breiten Streifen Licht auf die tief verschneite Umgebung, als führte eine Straße geradewegs zu den Sternenwiesen des Himmels hinauf.

Am Abend nahm Robert seine Flöte, öffnete weit das Fenster und spielte ein Weihnachtslied. Und oben saß Susanna glücklich und zufrieden auf ihrer Wolkenbank und hörte zu.

„Wenn die Flöte nicht wäre", dachte Roberts Mutter, „würde ich denken, er hätte nur ein Märchen erfunden. Ein Märchen von einer Schlittenfahrt mit einem Engel."

Stefan Pölt

Ein Weihnachtsmärchen

Letzten Sonntag, kurz nach vier
klingelt ein total verschneiter
Weihnachtsmann an unsrer Tür:
„Schnell, Dein Wunsch – ich muss gleich weiter!"

„Einen? Hhmm, was wünsch ich mir?
Gib mir Zeit um nachzudenken."
„Gut, den Wunsch erfüll ich Dir –
reichlich Zeit will ich Dir schenken."

„Heh, so war das nicht gemeint!",
ruf ich geistesgegenwärtig.
Doch da ist er, wie es scheint,
längst ums Eck und mit mir fertig.

Bald ist meine Wut verraucht –
dieser Wunsch hat auch was Gutes.
Zeit ist etwas, das man braucht.
Werde wieder frohen Mutes.

Jetzt mach ich, was mir gefällt,
lasse mich von nichts mehr treiben.
Hab ja alle Zeit der Welt
selbst zum Weihnachtstexteschreiben.

Auch wenn dies ein Märchen war
und trotz schlechter Wirtschaftslage
wünsch ich Euch wie jedes Jahr
sorgenfreie Weihnachtstage!

Nils Pickert

An meinen Freund, den Weihnachtsmann

In meiner Klasse sagen sie,
Es gibt dich nicht, du seist nur Kram
Für Babies, doch ich weiß nicht wie
Ich meinen Wunsch erfüllt bekam,
Wenn nicht von dir und deinen Elfen.

Denn meine Eltern reden wieder
Seit gestern nach dem Abendbrot.
Sie schlagen ihre Augen nieder
Und flüstern sich die Köpfe rot,
Als könnte ihnen etwas helfen.

Ich mag nicht wissen, was sie sagen,
Mir reicht es, dass sie nicht mehr schreien.
Ich will nur, dass sie sich vertragen,
Dass sie dem anderen verzeihen.
Ich wünsche mir, es würde wahr –
Zumindest bis ins Neue Jahr.

Sabine Ludwigs

Das letzt Rätsel

An einem bitterkalten Dezembertag, kurz vor den Weihnachtsferien, hüpft Rieke durch den ersten Schnee nach Hause. Sie wohnt nicht weit, gleich um die Ecke in dem Apothekerhaus, denn ihr Vater ist der Apotheker.

Als sie in ihre Straße biegt, sieht sie die seltsame Gestalt an der gewohnten Stelle stehen. Aus der Entfernung schaut sie aus wie ein großer Pilz. Aber je näher man kommt, desto deutlicher erkennt man, dass es eine alte Frau unter einem aufgespannten Regenschirm ist.

Der Regenschirm ist der schönste Schirm, den Rieke je gesehen hat! Er ist dunkelblau und über und über mit Silbersternen bedruckt, sodass es aussieht, als würde die alte Frau ein Stück Nachthimmel mit sich herumtragen.

Jetzt sieht man freilich nichts davon, weil der Schnee den Sternenhimmel zugedeckt hat. An der Unterseite des Schirmes, an den Streben, schwingen an Schnüren entzückende Engel mit goldenem Kraushaar, deren Flügel und duftige Kleidchen aus schneeweißen Flaumfedern gemacht sind. Sie pendeln hin und her, ein bisschen wie bei einem Mobile.

Schön sieht das aus, beinahe lustig könnte Rieke es finden – wenn die Frau nicht so arm wäre. Davon zeugen ihre leichten Schuhe und der abgetragene, viel zu dünne Mantel.

Mit bläulich verfärbten Lippen, den Blick gesenkt, steht sie da. Sie bewegt sich kaum. Nur wenn ein Passant dicht an ihr vorbeigeht, blickt sie schüchtern auf und fragt leise: „Bitte, möchten Sie nicht einen Federengel kaufen? Sie sind handgemacht und kosten nicht viel.“

Doch das will niemand.

Alle eilen mit Paketen, Taschen und Tüten beladen an der alten Frau mit dem Regenschirm vorbei, wie wenn sie gar nicht da wäre.

Dann schaut sie wieder zu Boden und die Federengel schaukeln traurig an den Fäden.

Rieke geht in die Apotheke. „Hallo, Papa", begrüßt sie ihn und deutet durch das mit Tannengrün und rotem Schleifenband geschmückte Schaufenster. „Hast du gesehen? Sie ist wieder da."

„Ja", murrt ihr Vater.

Stumm stehen sie nebeneinander und schauen hinaus in das Flockengewirbel zu der alten Frau mit dem Regenschirm.

„Das ist wie im Märchen", seufzt Rieke schließlich. „Wie bei dem Mädchen, das Schwefelhölzchen verkaufen musste, die niemand haben wollte. Und eines Tages lag es erfroren ..."

„So weit kommt es noch!", ruft ihr Vater da aufgebracht. „Dass ausgerechnet vor meiner Apotheke jemand erfriert!"

Und Rieke freut sich, als er die Tür aufreißt und so schnell zu der Frau hinüberläuft, dass sein weißer Kittel flattert.

Bestimmt, denkt Rieke, hilft er ihr – doch stattdessen stemmt er die Hände in die Hüften, schaut auf die Alte herab und sagt irgendwas zu ihr. So laut, dass Rieke den Klang seiner Stimme bis in die Apotheke hören kann. Ungläubig reißt sie die Augen auf.

Die alte Frau mit dem Regenschirm zieht den Kopf ein und macht zögernd ein paar Schritte. Einmal bleibt sie stehen und dreht sich um. Wie sie aber den Apotheker noch immer an derselben Stelle stehen sieht, geht sie davon. Und die allerliebsten Federengel baumeln trostlos im Takt ihrer Schritte.

„Du bist gemein!", ruft Rieke empört, als ihr Vater wieder hereinkommt. „Warum hast du das gemacht?"

„Weil ich solches Gesindel hier nicht rumstehen haben will. Was soll die Kundschaft denken?"

„Sie ist kein Gesindel, bloß arm! Weshalb hast du ihr nicht lieber ein paar Engel abgekauft?"

„Weil ich keine brauche!", donnert der Vater. „Weihnachtsschmuck haben wir weiß Gott mehr als genug!"

„Ist doch piepegal!", schreit Rieke da. „Schließlich ist bald Weihnachten!" Wütend stürmt sie die Treppe rauf in ihr Zimmer. Sie knallt die Tür hinter sich zu und will am liebsten nicht mehr an dem Geschenk für den Vater arbeiten – so hundsgemein findet sie, was er getan hat.

Sie macht ein Rätselbuch für ihn, weil er Rätsel so gern löst. Das ganze Jahr über hat sie die kniffligsten gesammelt, sie in das Buch geschrieben und darunter – in Spiegelschrift, damit man es nicht zu einfach entziffern kann – die Lösungen gesetzt. Dazu hat sie passende Bilder gemalt.

Am besten gefällt ihr das letzte Rätsel in dem Heft. Das mit Gott und dem Teufel, zu dem die Zeichnung und die Auflösung noch fehlen. Aber jetzt verspürt sie überhaupt keine Lust, sich daranzumachen!

Beim Abendessen ist sie noch immer so außer sich, dass sie kaum ein Wort mit ihrem Vater spricht. Und auch er ist eigenartig still. Nur ihre Mutter scheint nichts zu bemerken.

Als Rieke am nächsten Tag aus der Schule kommt, sieht sie schon von weitem den Sternenhimmel auf dem Schirm leuchten, denn heute weht zwar ein eisiger Wind, aber es schneit nicht.

Sie ist gerade im Hausflur, da kommt ihr der Vater entgegen. „Bestimmt wird er die Frau mit dem Regenschirm wieder fortjagen", denkt sie bedrückt. Doch das, nein, das kann sie einfach nicht zulassen. Schließlich muss die alte Frau ihre Engel verkaufen, um Geld zu verdienen! Sonst kann sie sich nichts zu essen kaufen. Und dann ... dann ...

„Warte!", ruft sie. „Bitte, Papa. Hör mir zu. Ich werde dir ein Rätsel aufgeben. Und wenn du es nicht lösen kannst, musst du mir versprechen, dass du die Frau mit dem Regenschirm nicht wegschickst! Einverstanden?"

Ihr Vater verzieht erstaunt das Gesicht. „Na gut", brummt er schließlich. „Aber was ist, wenn ich es löse?"

Rieke schaut betroffen drein. „Dann habe ich verloren", antwortet sie leise, „und muss dir einen Gefallen tun."

Er zuckt mit den Schultern und lächelt sie an. „Einem guten Rätsel kann ich nicht widerstehen. Also lass mal hören."

Und Rieke denkt an das letzte Rätsel im Heft, das verzwickteste von allen, das mit Gott und dem Teufel. Auf einmal ist sie ganz sicher, dass ihr Vater dieses Rätsel nicht lösen wird, und sie trägt es mit fester Stimme vor:

„Was ist mächtiger als Gott?
Was ist böser als der Teufel?
Die Glücklichen brauchen es.
Die Armen haben es.
Und wenn man es isst, dann stirbt man."

„Hm", macht ihr Vater. „Ganz schön schwierig."

Er rät: Herz, Geld, das Glück, die Liebe, Magie, das Weltall, und Rieke schüttelt jedes Mal den Kopf und ruft: „Falsch!"

Doch gerade als sie glaubt, er gibt auf, als sie schon losjubeln will, da hält er plötzlich inne, schaut sie an und fragt: „Die Armen haben es?"

„Ja."

„Und wenn man es isst, stirbt man?"

Rieke nickt.

„Ich denke", sagt ihr Vater da rau, „jetzt habe ich es begriffen." Er beugt sich zu Rieke und flüstert ihr etwas ins Ohr.

Sie wird ganz still und schluckt an dem Kloß in ihrem Hals. Ohne sich noch einmal umzudrehen, geht sie auf ihr Zimmer und hört, wie unten die Tür ins Schloss fällt, als ihr Vater das Haus verlässt.

Wie sie später aus dem Fenster schaut, steht da keine Gestalt mehr mit einem Schirm wie aus einem Stück Nachthimmel gemacht, unter dem Engel im Winterwind tanzen.

Am späten Nachmittag kommt Rieke von ihrer Freundin nach Hause. Langsam biegt sie um die Ecke und späht die Straße hinunter.

Aber da ist niemand.

Noch langsamer geht sie weiter. Als sie in die Apotheke kommt, verabschiedet ihr Vater sich gerade von einer Kundin.

„Auf Wiedersehen, Frau Ritter. Und frohe Festtage!", sagt er. „Ach, hier habe ich noch ein kleines Weihnachtsgeschenk für Sie."

Er reicht etwas über den Ladentisch. Die Kundin lacht ein heiteres Lachen und bedankt sich für das Geschenk.

Rieke traut ihren Augen nicht: Es ist einer der Federengel von der alten Frau. Zauberhaft sieht er aus! Fast könnte man meinen, er würde sich gleich in die Luft erheben und davonschweben.

Als sie allein sind, erzählt Riekes Vater, dass er immerzu an ihr Rätsel gedacht und deshalb der alten Frau die Federengel zu einem guten Preis abgekauft hat. Und zwar alle. Deshalb steht sie nicht mehr draußen in der klirrenden Kälte.

„Falls sie im nächsten Jahr wiederkommt", verspricht er, „wird es gleich so gemacht!"

An diesem Abend hat Rieke eine Riesenlust, die letzte Seite im Rätselbuch fertigzumachen. Sie malt einen Himmel mit silbernen Sternen und dann schreibt sie – natürlich in Spiegelschrift – die Auflösung hin:

STHCIN

Denn NICHTS ist mächtiger als Gott. Und NICHTS ist bösartiger als der Teufel. Die Glücklichen brauchen NICHTS – sie haben alles. Die Armen haben NICHTS. Und wenn man NICHTS isst, stirbt man.

Horst Fehse

Weihnacht ist's

Weihnacht ist's – schöne Zeit,
Tage der Besinnlichkeit.
Weihnacht ist's – ein Stern erhellt,
wünscht Frieden für die ganze Welt.
Weihnacht ist's – und voll Erbarmen
denkt an die Kranken und die Armen.
Weihnacht ist's – oh ewig Licht,
bitte vergesst die Toten nicht.
Weihnacht ist's – öffnet die Herzen
und zündet an die Freudenkerzen.
Weihnacht ist's – hört meine Bitte,
verstoßt Gewalt aus Eurer Mitte.
Weihnacht ist's – macht Euch bereit
und übt ein wenig Menschlichkeit!

Alexandra Luff

Sie

Immer wenn es dunkel wird, sehe ich sie. Sie sitzt in ihrem alten grünen Ohrensessel und starrt vor sich hin. Ich weiß nicht, ob sie in den Fernseher schaut oder einfach nur gedankenverloren dasitzt. Sie sieht einsam aus. Alt und knochig wirkt sie. Ich habe noch nie Besuch bei ihr gesehen. Abend für Abend stehe ich am Fenster und blicke in das hell erleuchtete Wohnzimmer gegenüber. Untertags vergesse ich sie, arbeite, gehe meine Wege, aber abends muss ich sie sehen. Es ist nicht so, dass ich sie bespitzele, nein, es gibt ja nichts zu sehen, sie sitzt ja immer nur reglos in ihrem Sessel. Und doch zieht ihr Anblick mich magisch an. Ich muss nachsehen, ob sie noch da ist, und jedes Mal, wenn ich sie dort sehe, einsam und allein in ihrem Sessel, bin ich irgendwie beruhigt.

Ob sie den Schneefall letzte Nacht bemerkt hat? Sicher hat sie draußen Probleme beim Laufen. Es ist glatt und alte Leute rutschen leicht. Komisch, ich habe sie noch nie draußen gesehen, auch nicht im Sommer. Vielleicht hat sie jemanden, der für sie einkauft. Wie einsam sie aussieht.

Es ist so still. Ich gehe zu meiner Stereoanlage und drehe das Radio an. „Leise rieselt der Schnee ...“, klingt es aus den Boxen. Als Kind haben wir das oft zusammen gesungen, meine Schwester Hanna, meine Mama, Oma und ich. Das ist lange her. Alles ist nun anders. Als ich meine Augen schließe, sehe ich wieder die Bilder vor mir. Wie sie Hanna und meine blutüberströmte Mutter aus dem Wrack ziehen. Und Oma, der wie durch ein Wunder nichts passiert ist. Es war auch Weihnachten. Zehn Jahre ist es her. Ich will nicht daran denken. Es macht mich so traurig.

Hier, vom Sofa aus, kann ich sie direkt sehen. Einsam und traurig sitzt sie in ihrem grünen Ohrensessel. Ich kann das nachvollziehen. Weihnachten ist immer am schwersten. Da wird einem bewusst, wie einsam man doch ist. Ich nehme mir ein Vanillekipferl. Irgendwie kriege ich sie nie so hin wie Oma damals. Sie hatte sie nur für mich gemacht, ihr selbst schmeckten sie gar nicht. Hanna mochte die Spitzbuben lieber. Ich weiß noch, wie ich im Alter von sieben Jahren am Weihnachtsabend aus Versehen gegen den Baum stieß. Dieser fiel um und sämtliche Weihnachtskugeln zerbarsten in tausend Stücke. Meine Mutter hat mich gehörig ausgeschimpft, aber Oma hat mich auf den Schoß genommen, meine Tränen abgewischt, mich umarmt und getröstet. Danach hat sie den Baum wieder aufgestellt und mit den Socken dekoriert, die wir von ihr bekommen hatten. Da musste sogar meine Mutter lachen. Wir haben ein lustiges Foto gemacht von diesem lustigen Sockenweihnachtsbaum und uns. Ich liebe dieses Bild. Es steht auf der kleinen Kommode in meinem Schlafzimmer. Ich erinnere mich gerne daran, aber gleichzeitig überkommt mich dabei jedes Mal ein wehmütiges Gefühl. Da war die Welt noch in Ordnung und Hanna und Mama noch nicht tot. Ich merke, wie meine Augen feucht werden. Nein, ich will nicht weinen.

Ich liebe diese Wohnung. Sie gibt mir ein bisschen Heimat. Wahrscheinlich liegt das auch an ihr. Sie strahlt Ruhe aus. Gerade an Weihnachten brauche ich sie. Meine Kollegen und Freunde feiern mit ihren Familien, nur ich bin allein. Nicht, dass ich etwas gegen diese Einsamkeit hätte, nein, das nicht. Ich habe sie mir ja selbst ausgesucht.

Draußen hat es wieder angefangen zu schneien. Große dicke Flocken tanzen sanft im schummrigen Licht der Straßenlaterne. Ein wunderschöner Anblick. Damals hatte es auch geschneit, bei der Beerdigung von Mama und Hanna. Es hatte geschneit, als ich Oma angeschrien hatte, dass ich sie nie mehr sehen wollte, dass sie aus meinem Leben verschwinden sollte, dass sie schuld war am Tod meiner Mutter und meiner Schwester, weil sie am Steuer gesessen hatte und sie unverletzt geblieben war. Ja, geschneit hatte es, als ich weggestürmt bin, als ich mir meine Einsamkeit wählte, damals vor zehn Jahren. Es tut immer noch weh. Ich habe damals die drei wichtigsten Menschen in meinem Leben verloren.

„Alle Jahre wieder ...“, erklingt es aus dem Radio. Ja, alle Jahre wieder. Alle Jahre wieder sitze ich am Weihnachtsabend einsam auf meinem Sofa und beobachte sie, die wohl noch einsamer ist als ich. Ich frage mich, was sie denkt und ob sie sich auch so einsam fühlt.

Meine Oma hat mal gesagt, dass man sich immer streiten darf, aber an Weihnachten, da muss man sich wieder vertragen und sich vergeben. Sie hatte ja so recht, meine Oma. Aber es ist schwer. Schwer, über seinen eigenen Schatten zu springen und zuzugeben, dass man Fehler gemacht hat. Ich weiß, dass es irgendwann zu spät sein könnte. Ich habe meinen Weg selbst gewählt, jetzt muss ich damit leben. Muss ich das? Meine Mama hatte immer gesagt, dass ich meinen Starrsinn von meinem Opa geerbt hätte. Den habe ich allerdings nie kennengelernt, er starb noch vor meiner Geburt. Oma war da ganz anders, sie hatte mir immer alles sofort vergeben, sie war nie nachtragend. Ich bin so dumm! Oma würde mir doch vergeben, sie würde mich umarmen und alles wäre gut.

Wieder fällt mein Blick auf sie. Still und verlassen sitzt sie da, in ihrem grünen Sessel. Oma fühlt sich sicher sehr einsam. Ich muss es tun, ich bin es ihr schuldig, sie war früher immer für mich da und ich habe einen riesengroßen Fehler begangen. Ich werde zu ihr gehen und mich entschuldigen. Ich gehe in den Flur, schnüre meine Winterstiefel, schlüpfe in meine blaue Lieblingsjacke, binde mir meinen Schal um und gehe zur Tür. Aber – Was soll ich ihr denn nur sagen? Ob ich doch nicht ... nein, das muss jetzt sein! Dreimal atme ich tief durch, dann öffne ich die Wohnungstür mit einem Ruck, laufe hinunter auf die Straße.

Hier wohnt sie. Langsam steige ich die Treppen hinauf. Es ist ein altes Haus. Im zweiten Stock ist ihre Wohnung, so wie meine. Ohne Aufzug. Ob sie die Treppen noch schafft? Dann stehe ich vor der Tür. Soll ich wirklich? Ja, heute ist Weihnachten! Ich drücke auf den Klingelknopf und lausche. Ich höre mein Herz laut schlagen. Es bleibt ruhig in der Wohnung. Ob sie das Klingeln nicht hört? Vielleicht ist sie schwerhörig. Ich warte noch ein bisschen, aber als sich noch immer nichts tut, drücke ich erneut auf den Klingelknopf.

Nun rumpelt es leicht und ich höre leise schlurfende Schritte. Langsam öffnet sich die Tür und sie steht vor mir. Nun sehe ich sie aus der Nähe. Alt ist sie geworden, viele Falten sind hinzugekommen und die Haare sind schneeweiß. Sie ist auch kleiner geworden. Fragend sieht sie mich an, doch plötzlich reißt sie erstaunt ihre Augen auf und fängt an zu schluchzen: „Klara!“ Winzige Tränen kullern über ihre runzligen Wangen. Weinend umarme ich sie und flüstere: „Es tut mir so leid, es war ja nicht deine Schuld. Ich war so dumm. Bitte verzeih mir!“

Als sie sich etwas beruhigt hat, sagt sie mit brüchiger Stimme: „Ich habe dich so vermisst!“ Dann umarmt sie mich und wischt mir meine Tränen aus den Augen. Sie nimmt meine Hand und führt mich mit kleinen unsicheren Schritten in ihr Wohnzimmer. Sie bedeutet mir, auf dem Sofa Platz zu nehmen, während sie sich in den alten grünen Ohrensessel sinken lässt. Nun sehe ich, was sie die ganze Zeit angestarrt hat. Gegenüber von ihr steht kein Fernseher, nein, es ist ein Bild. Sie hat all die Abende das Foto mit dem Sockenweihnachtsbaum betrachtet.

„Willst du denn keine Plätzchen?“, reißt sie mich aus meinen Betrachtungen und deutet mit zittriger Hand auf die Schale auf dem Wohnzimmertisch. Vanillekipferl!

„Aber, Oma, du magst doch gar keine Vanillekipferl ...“

Liebevoll lächelt sie mich an: „Ich hatte gehofft, dass du irgendwann kommst.“

Horst Decker

Rückbesinnung

In den stillen Weihnachtstagen
hat man Zeit sich zu befragen,
ob alles, was im letzten Jahr
von uns getan, auch richtig war.

Und hierbei kann doch nur bestehn,
wie andre unser Handeln sehn.
Denn sicher fällt uns manches ein,
das andre uns nur schwer verzeihn.

Und störte jemand unser Leben,
so ist's nun recht, ihm zu vergeben.
Vielleicht tut ihm in dieser Zeit
sein Tun im selben Maße leid.

Wie schön wär es, wenn nach dem Fest
man längst Vergangnes ruhen lässt
und neu beginnt, wo Altes gärt,
und neuem Streit die Tür verwehrt.

Anna Faltin

Weihnachtsgruß

Einmal in der Weihnachtszeit
Dachte ich, es muss doch glücken
Allen Freunden weit und breit
Einen Weihnachtsgruß zu schicken.

Freunden, die ich fast vergessen
Und so lange nicht vermisste
Deren Näh ich einst besessen –
Im Schrank fand ich die Namensliste.

Erstaunt schlug ich das Büchlein auf
Und las, wer sich hier eingeschrieben
Begegnung – Trennung – so der Lauf
Nur der Schriftzug war geblieben.

Mit jedem Namen kam ein Bild
Das ich mir von den Freunden machte
Enttäuschungen verblassten mild
Vergangenheit mir strahlend lachte.

Wir gingen auf verschiednen Wegen
Wo war'n sie alle nur geblieben?
Versandte meinen Weihnachtssegen
Doch Karten hab ich nie geschrieben.

Patricia Koelle

Wie man Schnee macht

„Papa, warum regnet es, wo es doch so kalt ist?“ Phia sah missmutig hinaus. Die Pfützen im Garten waren zugefroren, aber was da von dem grauen Himmel fiel, war nicht der Schnee, auf den sie schon so lange wartete. Papa hatte den Kamin angezündet, obwohl es noch hell draußen war. Ihm gefiel das ganze nasse Grau auch nicht. Er setzte sich neben Phia auf das Kuschelsofa. „Keine Ahnung“, brummte er.

„Früher gab es immer Schnee vor Weihnachten!“, behauptete Oma Anne und wischte mit einem Tuch an der Scheibe herum, als ob das helfen würde.

Opa Konrad kam gerade mit einem Teller in der Hand aus der Küche, gefolgt von Phias großem Bruder Christian. „Schaut mal, Kati hat gebacken!“ Er verteilte Zimtbrezeln. „Ich weiß, warum es nicht schneit, obwohl das Thermometer sieben Grad minus zeigt!“

„Warum denn, Opa Konny?“ Phia sah erwartungsvoll zu ihm auf. Sie mochte ihren Opa sehr. Er hatte einen wunderschönen weißen Bart und war so höflich zu ihr, als wäre sie erwachsen. Seine Geschichten waren immer spannend. Leider kam er immer nur an Weihnachten zu Besuch und früher hatte sie sogar mal gedacht, er wäre der Weihnachtsmann. Aber jetzt war sie ja schon sieben und wusste, dass der Weihnachtsmann bestimmt nicht über teures Benzin schimpft.

„Der Himmel ist zu sauber!“, sagte Opa Konny und sah triumphierend in die Runde. „Ich hab’s im Radio gehört. Ihr wisst doch, dass Schneeflocken kleine Kristalle sind, die bei Kälte entstehen. Deshalb sehen sie aus wie wunderschöne kleine Sterne, wenn man ganz genau hinsieht.“

„Ja, und warum kommen dann die Kristalle nun nicht, wo es doch so kalt ist?“

„Die Kristalle können nur wachsen, wenn sie sich an etwas festhalten können. Jede Schneeflocke braucht einen winzig kleinen Kern, ein Staubkorn, damit sie entstehen kann. Tja, und wenn kein Staub im Himmel ist, dann gibt es eben keinen Schnee."

„Wahrscheinlich hat Kati da oben auch noch staubgewischt", bemerkte Papa, dem es manchmal auf die Nerven ging, wenn Phias Mama vor Weihnachten die ganze Wohnung blitzblank putzte. Er konnte das Geräusch vom Staubsauger überhaupt nicht leiden.

„Und wie kriegen wir jetzt Staub in den Himmel?", wollte Phia von Opa Konny wissen. Der wusste doch immer alles.

„Wir könnten in die Stadt ziehen, da ist der Himmel immer schmutzig von den ganzen Autos und Fabriken", schlug Christian eifrig vor. „Hier auf dem Dorf ist eh nichts los."

„Ach lass mal, Junge", sagte Oma Anne schnell, „davon bekommt man bloß Husten und schlechte Laune."

„Die schlechte Laune haben wir ja schon", meinte Christian. „Nicht mal Schlitten fahren kann man. Ist doch langweilig hier."

„Iss eine Zimtbrezel, das hilft", schmunzelte Mama, die sich mit dampfenden Kakaobechern zu ihnen gesellt hatte. „Kann man da nicht was machen wegen dem Staub und dem Schnee?"

„Wir könnten deinen Staubsauger auf den Mond schießen, vielleicht verliert er unterwegs genug Staub", schlug Papa vor. Er klang grummelig, aber Phia sah, dass er Mama zuzwinkerte.

Opa Konny räusperte sich und ging zum Fenster. Nachdenklich spähte er in den Regen. Phia setzte sich gerade. Wenn Opa Konny diesen geheimnisvollen Blick bekam, dann wurde es immer interessant. „Doch, da kann man bestimmt was machen", verkündete er und öffnete das Fenster. Er fuhr mit dem Zeigefinger auf dem Fensterbrett und in den Ecken herum.

„Auf meinen Fensterbrettern liegt kein Staub!", verkündete Mama stolz.

„Oh doch, zum Glück!", widersprach Opa Konny und hielt seinen grauen Finger hoch.

„Woher kommt Staub eigentlich?", wollte Phia wissen.

„Hab ich doch gesagt, von den Autos und Fabriken“, sagte Christian.

„Nicht nur. Staubkörner sind die Erinnerungen der Erde.“

„Wie meinst du das, Opa Konny?“ Phia machte große Augen.

„Na, zum Beispiel so: Aus der Erde wachsen Blumen, und die Blumen machen Blütenstaub. Und wenn sie verblüht sind und trocken werden, wird auch wieder Staub daraus und nur die Erde erinnert sich noch, dass es Blumen waren. Der Staub auf unserem Fensterbrett ist aus den Federn der kleinen Spatzen gefallen, die du hier gefüttert hast. Sie haben auf der Erde zwischen den Blumen gespielt und der Staub ist an ihren Füßen und ihren Flügeln hängengeblieben und schließlich hier gelandet. Und außerdem“, Opa Konny beugte sich vor und betrachtete den Staub ganz genau, „hier ist auch noch welcher, der von dem Engel ist. Ich seh es am Glänzen.“

Phia starrte auf den Staub. Tatsächlich, da glitzerte es. „Was denn für ein Engel?“

„Na, der natürlich, der neulich deinen Wunschzettel hier vom Fensterbrett abgeholt hat, wo du ihn hingelegt hast. Dieser Engel muss auf vielen Fensterbrettern landen, und da bleibt jedes Mal ein wenig Staub an seinem Gewand hängen.“

„Und wie kommt der Staub jetzt in den Himmel?“

„Ganz einfach: Wir pusten. Aber du musst dich anstrengen!“

Opa Konny und Phia pusteten das ganze Fensterbrett sauber und ihre Puste und der Wind trugen die Staubkörner fort. Phia hoffte, dass die Puste sie bis zu den Wolken wirbeln würde, damit die Kälte die Schneekristalle drankleben konnte. Hoffnungsvoll sahen sie nach oben, aber es kamen auch weiterhin nur Regentropfen.

„Das reicht wohl noch nicht“, meinte Opa Konny. „Da müssen wir uns noch mehr anstrengen. Und zwar alle. Das Problem ist wahrscheinlich, dass im Winter die Erde schläft und ihre Erinnerungen auch. Wir könnten mit unseren eigenen Erinnerungen aushelfen. Habt ihr was anzubieten?“

„Aber Erinnerungen sind doch unsichtbar!“, protestierte Christian.

„Das macht gar nichts", erklärte Opa Konny. „Wenn in deiner Hand Schneeflocken schmelzen, siehst du den Staub auch nicht, der drin war, oder?"

Christian nickte. Das stimmte allerdings.

„Schneeglöckchen", sagte Mama sehnsüchtig. „Ich erinnere mich an das erste Schneeglöckchen."

„Das ist ein guter Anfang", freute sich Opa Konny. „Komm her und puste die Erinnerung in den Himmel. Kleine Erinnerungen sind die besten und kostbarsten, die fliegen am weitesten und daraus werden auch die allerschönsten Schneeflocken."

Mama lächelte, lehnte sich hinaus und pustete mit aller Kraft.

Opa Konny sah sich erwartungsvoll im Zimmer um. „Na, da muss es doch noch mehr geben! Es ist fast ein ganzes Jahr vergangen seit letztem Weihnachten. Da haben wir doch alle jede Menge Erinnerungen!"

Phia dachte nach. „Mein Osterei!", fiel ihr ein. An Ostern hatte sie das schönste Osterei gefunden, das sie je gesehen hatte. Es war hellgrün und mit Gänseblümchen bemalt, und die Gänseblümchen hatten alle eine glänzende goldene Mitte. „Oder ist die Erinnerung zu groß, Opa Konny?"

„Nein, die geht ganz sicher."

Phia lehnte sich so weit aus dem Fenster, dass sie ganz nass wurde, und pustete, so doll sie konnte.

„Anne", forderte Opa Konny seine Frau auf, „jetzt du."

Oma Anne kam zum Fenster und hakte sich bei Opa Konny ein. „Ich hab gleich zwei Erinnerungen", sagte sie, „ist das erlaubt?"

„Je mehr, desto besser."

„Die Pusteblume", erzählte Oma Anne, „die erste, die ich in diesem Jahr gefunden habe. Ich habe die kleinen Schirmchen in die Wolken gepustet und mich gefreut, dass es Frühling ist und dass ich noch nicht zu alt bin, um so was zu machen."

„Das ist ja toll", freute sich Phia, „erst hast du die Pusteblume gepustet, und jetzt darfst du die Erinnerung auch noch pusten!"

„Und was war die zweite Erinnerung?" Opa Konny war neugierig.

„Das“, sagte Oma Anne etwas außer Atem, „war der Kuss, den du mir hinterher gegeben hast.“

Vor Freude darüber, dass Oma Anne den nicht vergessen hatte, gab ihr Opa Konny gleich noch einen.

„Papa – jetzt bist du dran!“ Phia schob ihren Vater zum Fenster. Das war ja ganz schön spannend mit all diesen Erinnerungen. Fast hatte sie vergessen, dass sie damit Schnee machen wollten.

„Dieses wunderbare Steak, das wir im Juli an Katis Geburtstag gegrillt haben ...“, begann Papa. Da mussten alle laut lachen.

„Was ist daran falsch?“, fragte er etwas beleidigt.

„Gar nichts, mein Sohn“, sagte Opa Konny. „Essen gehört zum Leben und dumm ist, wer das nicht genießt. Aber du musst doll pusten – das war ein ziemlich großes Steak!“

Gehorsam pustete Papa so laut, dass es ein bisschen wie das Nilpferd im Zoo klang.

„Und jetzt du, Christian“, sagte Opa Konny.

Christian genierte sich ein bisschen, aber als er da am Fenster stand und in die kalte graue Welt sah, fiel ihm doch etwas ein. „Barfuß laufen im Sommer“, sagte er, „auf der Wiese.“ Das Gefühl von Gras an seinen nackten Fußsohlen liebte er. Vielleicht war es doch ganz gut, dass sie nicht in der Stadt wohnten, dachte er plötzlich. In der Stadt kann man nicht barfuß gehen. Auf einmal hatte er wieder gute Laune. Er pustete seine Erinnerung kräftig in die Winterluft und angelte sich dann die letzte Zimtbrezel vom Teller.

„Fehlt nur noch Opa Konny!“, stellte Phia fest.

„Meine ist aber geheim“, sagte Opa Konny und pustete so heftig, dass seine letzten paar Haare ganz senkrecht standen.

„Aber ich darf es bestimmt wissen!“, meinte Oma Anne.

Opa Konny beugte sich herunter und flüsterte ihr etwas ins Ohr.

„Och, Opa Konny!“, rief Phia. „Das ist aber geschummelt!“

„Na und – funktioniert doch!“, lachte Opa Konny und deutete nach oben.

Und tatsächlich – zwischen all den Regentropfen schwebten auf einmal ein paar dicke Schneeflocken. Es wurden immer mehr und schließlich hörte der Regen auf. Stattdessen legten sich weiße Flocken auf das Fensterbrett. Es wurde ganz leise. Ein kleiner Wind tobte um die Hausecke und blies sogar ein bisschen Schnee ins Zimmer.

„Was passiert mit dem Staub in den Flocken, wenn der Schnee schmilzt?“, wollte Christian wissen.

„Das sind dann die Samenkörner für neue Erinnerungen und Geschichten, die daraus wachsen können.“ Opa Konny schloss das Fenster.

Andächtig drückte sich Phia die Nase an der Scheibe platt. Der Wind fegte auch in den Eingang vom Gartenhaus, wo der Regen nicht hingekommen war, und stöberte einen kleinen Staubwirbel auf, den er in den Himmel jagte. Anscheinend waren der Erde jetzt auch noch ein paar Erinnerungen eingefallen. Es gab ja noch so viele Dinge, an die man sich erinnern konnte: Kirschblüten, Entenküken, Erdbeeren, bunte Herbstblätter. Vielleicht war die Erde vom Schnee aufgewacht oder sie träumte bloß.

„Opa Konny“, fragte Phia, „kann man mit Träumen auch Schnee machen?“

„Nein. Mit Träumen macht man den Frühling“, sagte Opa Konny. „Aber das ist eine andere Geschichte.“

Vom Himmel in die tiefsten Klüfte
ein milder Stern herniederlacht;
vom Tannenwalde steigen Düfte
und hauchen durch die Winterlüfte
und kerzenhelle wird die Nacht.
Th. Storm

Evelyn Morgenroth

Wie (k)ein Weihnachtsgedicht zustande kam

Ich deck den Tisch, so schön ich kann
und zünd' die erste Kerze an.
Der Adventstisch soll ja allen
meinen Lieben wohl gefallen.

Dann ruf ich lauthals durch das Haus:
„Ihr Kinder kommt, desgleichen Klaus!
Es gibt Kaffee. Heut ist Advent!
Schaut her, wie schön die Kerze brennt.“

Alle Jahre wieder
hör ich dieselben Lieder,
immer mit dem falschen Ton.
Ich glaub, die Antwort kenn ich schon.

Der Gatte grummelt vor sich hin,
adventlich sei ihm nicht der Sinn.
Außerdem will zum Kaffee
Klaus nicht solchen, sondern Tee.

Selbst der Nachwuchs – Tom und Ruth –
hat mit Advent nichts mehr am Hut.
Die zwei sind in der Pubertät.
Für Kaffeeklatsch ist es zu spät.

Zum Feiern hat hier keiner Lust.
Das nehm ich hin, ganz ohne Frust,
wird mir, wenn man es recht bedenkt,
ein Sonntagnachmittag geschenkt.

Was fang ich mit der Freizeit an?,
frag ich mich ein wenig bang.
Plötzlich kommt mir die Idee
dank Surfens durch das WWW.

Der Einfall ist sofort geboren,
denn man sucht im Netz Autoren,
die des Schreibens kundig sind,
Texte rund ums Jesuskind.

Gefragt ist nach Geschichten
und obendrein Gedichten,
die sich speziell ums Christfest dreh'n.
Da mach ich mit. Ihr werdet's seh'n.

Der Aufruf kommt ja wie gerufen!
Ich schreib, für alle Altersstufen,
von Weihnachten nun eine Mähr.
Nur: Wo krieg ich die Story her?

Vom Himmel hoch, da kommt sie nicht,
noch nicht mal Geist für ein Gedicht.
Ich verwerfe die Idee.
Draußen rieselt leis der Schnee …

Es ist Advent, und zwar der zweite,
den ich nicht weiter vorbereite.
Heute ist er nämlich dran:
mein Weihnachts-Kriminalroman.

Ich seh bereits vor meinem Auge,
so bildhaft, dass ich's selbst kaum glaube,
die Leiche (und vorm Mund noch Schaum)
erdrosselt unterm Weihnachtsbaum.

Als er noch lebte, war bekannt
der Exitus als Fabrikant
von Weihnachts-Schokolade.
Jetzt ist er tot, und das ist schade.

Es trauert in dem Weihnachtskrimi
um den Gemahl die Gattin Mimi.
Herr Jünger heißt mein Kommissar.
Der Krimi wird ganz wunderbar!

Im Weihnachts-Krimi-Märchen
kommt vor ein Brüderpärchen.
Vorerst sind beide mächtig
der Gräueltat verdächtig.

Der eine von dem Brüderpaar,
der hat ein Alibi sogar.
Der andre, namens Peter,
ist wohl der Übeltäter.

Was jetzt fehlt, ist das Tatmotiv,
sonst läuft was mit dem Krimi schief.
Ein Grund – „warum?“ – muss dringend her.
Den zu finden, fällt mir schwer.

Und obgleich ich mich recht plage,
was ich tue, ohne Frage,
komm ich, wohl mangels Phantasie,
auf das „Warum“ im Leben nie.

Mit Weihnachts-Krimis mach ich Schluss,
da zu allem Überfluss
Frau Mimi Peter liebt, den Bösen.
Man wird den Fall bestimmt nie lösen …

Ich denke kulinarisch aus
mir einen Weihnachts-„Leseschmaus“
und mach Notizen mir dafür.
Die kritzel ich auf Backpapier.

Ich muss Riesenberge backen.
Das Fest sitzt mir bereits im Nacken.
Es ist Advent, sogar der dritte.
Das Plätzchenbacken ist da Sitte.

Während ich den Teig anrühre
und Gedanken mir notiere,
backen schon, dank Mondamin,
die ersten Kekse vor sich hin.

Ich such auf „Truthahn“ einen Reim.
Nichts Gescheites fällt mir ein,
und für Weihnachts-Festgericht
finde ich das Versmaß nicht.

Mir raucht der Kopf, und es dringt auch
aus dem Backrohr dunkler Rauch.
Am Backblech wohl die Kipferl brennen,
und ich muss schnell zum Ofen rennen.

Reiß auf die Tür des Herdes weit
in hektischer Betriebsamkeit,
verbrenn die Finger, welches Pech,
und beide Hände mir am Blech.

Da knallt das Backblech auf den Boden.
Den Göttergatten hör ich toben,
mit einem Kopf, ganz puterrot.
Ich fürchte, dass ein Anfall droht.

Jetzt fehlt der Welt, vielleicht auch nicht,
ein lukullisches Gedicht
und uns Gebäck zum Weihnachtsfest,
was mich an mir zweifeln lässt …

Am Kranz sind es der Kerzen vier.
Das Weihnachtsfest steht vor der Tür.
Advent fällt leider wieder aus.
Gestreng sieht an mich Gatte Klaus.

Er fragt: „Warum brennt heute nicht
an unserm Kranz das vierte Licht?“
Ich erzähle die Geschichte
und gestehe, dass ich dichte.

Klaus lächelt ziemlich süffisant.
Sein Tonfall, der klingt arrogant.
Ich höre, seine Stimme schallt:
„Jetzt bist du völlig durchgeknallt!“

Am Abend, als der Gatte schlief,
schrieb ich dem Christkind einen Brief:
„Ich wünsche mir, das ist kein Witz,
zu Weihnachten den Geistesblitz.“

Erfüllt den Wunsch nicht ab und an
das Christkind, tut’s der Weihnachtsmann!
Sofort wird Antwort mir gegeben:
Ich soll nach hohem Ziele streben.

Ich habe mich gleich umentschieden
und texte über Weihnachtsfrieden,
wie ich ihn kenn aus unserm Haus.
Auch über Klaus lass ich mich aus!

Auf DIE Bescherung freu ich mich.
Sie liefert Reimstoff sicherlich.
Und weil ich voll gehässig bin,
schreib ich nicht unter Pseudonym.

Morgen Kinder, wird's was geben:
Ich schreibe nicht! Es schreibt das Leben!
Mit Stift und Zettel in der Hand
wart ich aufs Fest. Ich bin gespannt!

Ich stelle fest, voll Ironie,
so friedlich war der Abend nie.
Kein Streit mit Klaus, kein bisschen Zoff,
und es gibt keinen Lesestoff!

Selbst der Nachwuchs – Ruth und Tom –
war unterm Tannenbaum lammfromm.
Ei, wer hätte das gedacht:
Nie war sie stiller diese Nacht …

Heut ist der erste Januar.
Den Vorsatz für das Neue Jahr
setz ich gleich um, ich hab Format,
vor dem Frühstück in die Tat.

Für Weihnachtsmuffel schreibe ich
ein paar Verse (hoffentlich).
Der Clou soll mir gelingen
beim Neujahrs-Ski-Weitspringen.

„Pummelmaus, was machst du hier?“
Ich hör den Gatten hinter mir,
spür seine Hand auf meinem Arm –
und im Nacken. Mir wird warm.

Höchst selten nennt der Gatte Klaus
mich seine „kleine Pummelmaus“.
Vor Freude könnt ich singen,
so süß die Worte klingen.

Der Herr Gemahl will jetzt das eine,
wenn Sie wissen, was ich meine.
Und Pummelmaus? Die ist schwach,
folgt willig Klaus ins Schlafgemach.

Zwar ist sie Muffel in der Früh,
doch geht's um Sex, ist sie das nie.
Sie wird den Gatten erst mal lieben!
Das Muffelwerk bleibt ungeschrieben …

Im Januar konnt' ich nicht schreiben.
Ich pflegte Klaus. Er musste leiden.
Von drauß' vom Langlauf kam er her,
und weil er dick ist, schwitzte er.

Es raffte nieder ihn die Grippe.
Ich schrieb den Vers nicht von der Krippe
und nichts vom Stall in Bethlehem.
Mir ist das nicht sehr angenehm.

Vorbei geht schnell der Januar,
rasanter noch der Februar.
Ich krieg's nicht hin, das Festgedicht,
weil keiner mehr von Weihnacht spricht!

Nun haben wir fast Mitte März,
ich sehe ein, nicht ohne Schmerz:
Es ist kein Vers entsprungen,
nichts Lyrisches gelungen.

Doch will ich froh und munter sein.
Bestimmt fällt mir was Gutes ein
zum Thema 'Weihnachtsschinken'.
Wenn nicht, geh ich was trinken …

Ich wach mit einem Kater auf.
Das Schreiben hab ich echt nicht drauf.
Und Gatte Klaus – o wie lacht –
sagt, das hat er sich gleich gedacht.

Ich geb die Weihnachtsprosa auf
und lass den Dingen freien Lauf,
schick den Entwurf an den Verlag
und hoffe, dass man ihn dort mag.

Vielleicht bring ich ja an den Mann
„Wie (k)ein Gedicht zustande kam".
Und wird das Werk nie publiziert?
Ich hab es wenigstens probiert.

Euch wünsche ich in jedem Fall:
Frohe Weihnacht überall!
Und mir Ideen unterm Baum.
Das wär für mich der Weihnachtstraum.

Patricia Koelle im Dr. Ronald Henss Verlag

Patricia Koelle
Die Füße der Sterne
Dr. Ronald Henss Verlag
ISBN 978-3-939937-04-3
123 Seiten
10,80 Euro (D)

Geschichten von Himmel, Meer und Erde. Geschichten zum Lächeln, zum Nachdenken, zum Gesundwerden, zum Verschenken. Geschichten voller Hoffnung und realistischem Zauber.

Patricia Koelle
Der Weihnachtswind
Dr. Ronald Henss Verlag
ISBN 978-3-939937-01-2
119 Seiten
10,80 Euro (D)

Geschichten voller Weihnachtszauber, die dazu einladen, es sich in der kalten Adventszeit beim bunten Teller gemütlich zu machen, wenn abends der Wind um die Häuser unterwegs ist.

Für Weihnachtsgedichte-Freunde

Weihnachtsgedichte
Herausgegeben von Claudia Sperlich
Illustrationen von Katja Spannuth
Dr. Ronald Henss Verlag
ISBN 978-3-939937-10-4

Weihnachtsgedichte für Kinder und Erwachsene, die so neu sind, dass sie noch nicht einmal der Weihnachtsmann gehört hat. Manche sind lang genug um zu unterhalten, andere so kurz, dass jeder sie sich merken kann. Von traditionell bis modern, besinnlich bis heiter findet sich Passendes für jede Gelegenheit.

Leseprobe
Sabine Ludwigs: Der stille Herr Jakob

Am ersten Ferientag wachte Lilly sehr spät auf. Sie gähnte, kletterte aus dem Bett und lief zum Fenster. Mit einem Knall ließ sie das Rollo hochsausen.

Grauweiße Wolken hingen über der Stadt und mit einem Male tanzte eine dicke Schneeflocke vom Himmel, danach eine zweite, und schon war es ein fedriges Gewimmel.

„Hurra!“, schrie Lilly. „Es schneit!“

Unten auf der Straße ging der stille Herr Jakob vorbei, und den mochte Lilly gern. Jeder im Ort kannte den stillen Herrn Jakob, der in einer Gartenlaube am Ende der Straße wohnte. Er war ein schmächtiger Mann mit braunen Locken, der sehr leise und nur selten sprach. Er trug stets eine gelbe Kappe und besaß eine kleine, silberne Flöte. Mit dieser Flöte verdiente der stille Herr Jakob sein Geld, denn er war Straßenmusikant – mehr noch, er war der beste Straßenmusikant der Welt, fand Lilly. Wenn er flötete, legte er die gelbe Kappe vor seine Füße, damit die Leute ihm ein paar Münzen hineinwarfen. Lilly ließ ihn nicht aus den Augen. Obwohl er ganz allein durch den Schnee spazierte, schaute er immer wieder zur Seite, als würde jemand neben ihm hergehen. Manchmal nickte er oder bewegte die Lippen, ganz so, als würde er sich unterhalten.

Die vollständige Geschichte findet sich in:

Weihnachtsgeschichten Band 2
Dr. Ronald Henss Verlag
ISBN 978-3-939937-03-6

Weihnachtsgeschichten im Dr. Ronald Henss Verlag